초등 국어!
쓰기가 답이다

교과서 낱말로
놀며 받아쓰기
초등 국어 1-1

글·구성 곽경혜 / 그림 김민성 박세은

KB190000

노란우산

차례

1장 받침이 없는 말: 기본 모음자

2장 받침이 없는 말: 기본 자음자, 쌍자음

이 책은 이렇게 활용하세요!

낱말을 배워요

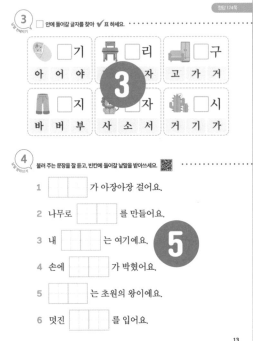

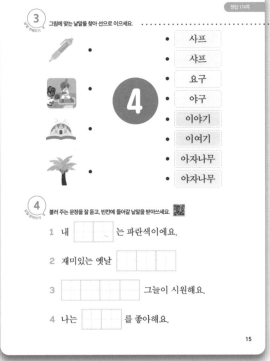

① [학습할 낱말 찾기]

아이들이 일상에서 쉽게 접할 수 있는 소재로 풀어 쓴 문장을 읽고, 그림 속에서 해당 모음자 또는 자음자가 들어간 낱말 6개를 찾아요. 이 놀이 활동을 통해 낱말의 모양을 눈으로 먼저 익혀요.

② [따라 쓰기]

낱말을 또박또박 읽어 보고, 정확하게 따라 쓰는 연습을 해요. 휴대폰으로 QR을 찍으면 낱말을 하나씩 읽어 줘요. 아이는 잘 들으며 눈으로 낱말을 익히고 쓰는 연습을 해요.

③ [확인하기]

모양이 비슷해 헷갈릴 수 있는 글자들 중에서 알맞은 글자를 찾아 낱말을 완성해요.

⑤ [받아쓰기]

짧은 예문을 활용한 받아쓰기 연습을 해요. 휴대폰으로 QR을 찍으면 문장을 한 줄 한 줄 읽어 줘요. 아이는 잘 듣고 문장을 따라 읽으며 낱말을 정확히 받아쓰는 연습을 해요.

④ [확인하기]

모양이 비슷해 헷갈릴 수 있는 낱말들 중에서 바르게 쓰인 낱말을 찾아 확인해요.

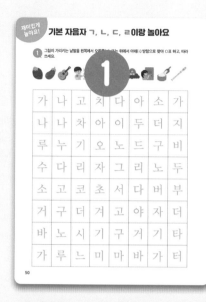

①~② [놀이로 한 번 더! 따라 쓰기]
앞에서 학습한 낱말들을 그룹으로 묶어 숨은 낱말 찾기, 그림 찾기,
선 잇기 등의 놀이 활동과 따라 쓰기를 하며 한 번 더 익혀요.

③ [놀이로 한 번 더! 확인하기]
순서대로 글자 찾기, 알맞은 글자 찾기, 정확한
낱말 찾기를 하며 완벽하게 익혀요.

마무리해요

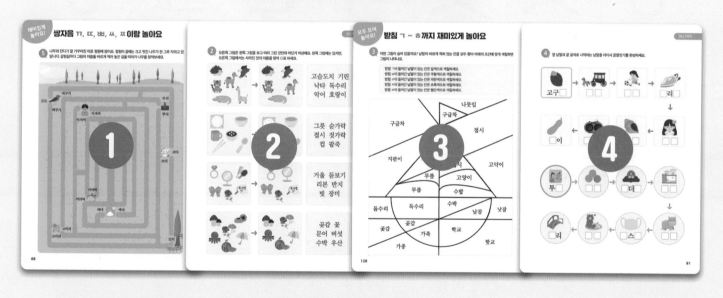

① [미로 찾기] **②** [다른 그림 찾기] **③** [색칠하기] **④** [끝말잇기]
앞에서 배운 낱말들을 미로 찾기, 다른 그림 찾기, 색칠하기, 끝말잇기 등의 놀이를 하며 마지막으로 한 번 더 확인하고,
교과서 낱말로 시작하는 한글 놀이 학습을 마무리해요.

한글은 기본 자음자 14개와 기본 모음자 10개로 이루어져 있어요. 그리고 기본 자음자 중에서 'ㄱ, ㄷ, ㅂ, ㅅ, ㅈ'을 각각 두 개씩 붙여서 만든 쌍자음 5개와 기본 모음자에 다른 모음자를 붙여서 만든 복잡한 모음 11개가 더 있어요. 한글 놀이책을 펼치기 전에 자음자와 모음자의 이름, 읽는 방법, 쓰는 순서를 먼저 익히면 따라 쓰고 받아쓰면서 낱말 공부를 하기가 훨씬 쉬워요.

기본 자음 14자의 이름을 소리 내어 읽고, 쓰는 순서를 확인하며 따라 쓰세요.

기역	니은	디귿	리을	미음	비읍	시옷
ㄱ	ㄴ	ㄷ	ㄹ	ㅁ	ㅂ	ㅅ
ㄱ	ㄴ	ㄷ	ㄹ	ㅁ	ㅂ	ㅅ

이응	지읒	치읓	키읔	티읕	피읖	히읗
ㅇ	ㅈ	ㅊ	ㅋ	ㅌ	ㅍ	ㅎ
ㅇ	ㅈ	ㅊ	ㅋ	ㅌ	ㅍ	ㅎ

자음자의 이름은 첫 번째 글자의 첫 소리와 두 번째 글자의 끝소리(받침)에 그 자음자를 넣어 만들어졌다는 것을 알 수 있어요.

쌍자음 5자의 이름을 소리 내어 읽고, 쓰는 순서를 확인하며 따라 쓰세요.

쌍기역	쌍디귿	쌍비읍	쌍시옷	쌍지읒
ㄲ	ㄸ	ㅃ	ㅆ	ㅉ
ㄲ	ㄸ	ㅃ	ㅆ	ㅉ

6

기본 모음 10자의 이름을 소리 내어 읽고, 쓰는 순서를 확인하며 따라 쓰세요.

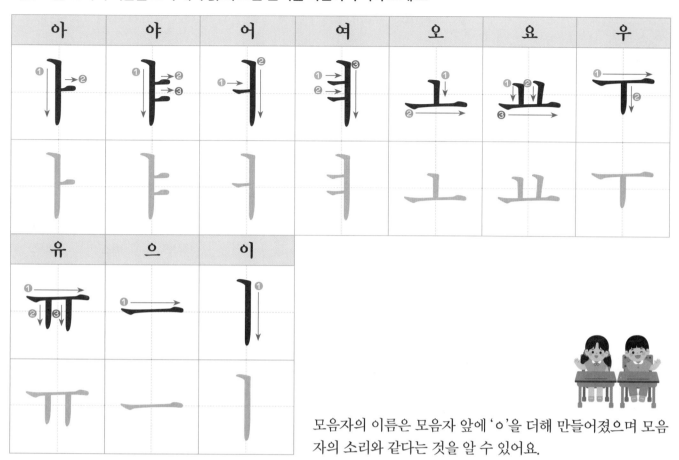

아	야	어	여	오	요	우
ㅏ	ㅑ	ㅓ	ㅕ	ㅗ	ㅛ	ㅜ
ㅏ	ㅑ	ㅓ	ㅕ	ㅗ	ㅛ	ㅜ

유	으	이
ㅠ	ㅡ	ㅣ
ㅠ	ㅡ	ㅣ

모음자의 이름은 모음자 앞에 'ㅇ'을 더해 만들어졌으며 모음자의 소리와 같다는 것을 알 수 있어요.

복잡한 모음 11자의 이름을 소리 내어 읽고, 쓰는 순서를 확인하며 따라 쓰세요.

애	얘	에	예	와	왜	외
ㅐ	ㅒ	ㅔ	ㅖ	ㅘ	ㅙ	ㅚ
ㅐ	ㅒ	ㅔ	ㅖ	ㅘ	ㅙ	ㅚ

워	웨	위	의
ㅝ	ㅞ	ㅟ	ㅢ
ㅝ	ㅞ	ㅟ	ㅢ

이 책에 수록된 낱말 312개는 초등학교 1학년 1학기 국어 교과서에 수록된 낱말 276개와
교과서에 수록되지는 않았으나 초등학교 1학년 수준에 맞는 낱말 36개를 엄선하여 실었습니다.

① 받침이 없는 말: 기본 모음자

ㅏ	ㅑ	ㅓ	ㅕ	ㅗ	ㅛ	ㅜ	ㅠ	ㅡ	ㅣ
가구	샤프*	거미	벼	도토리	요가*	구두	우유	그리다(그림)	나비
가시	야구	기러기*	여우	모기	요구르트*	마루	유도*	드라이버*	비누
바지	야자나무	너구리	여자*	모자	요리	부자	유리	바르다	이
사자	이야기	머리	켜다	보자기	요요*	우리	튜브	버스	이모
아기		어머니	티셔츠*	오리	치료*	우주	퓨마	스키*	이사
자리		저고리	혀	포도	표시	주소	휴지	흐리다(흐림)	지도

② 받침이 없는 말: 기본 자음자, 쌍자음

ㄱ	ㄴ	ㄷ	ㄹ	ㅁ	ㅂ	ㅅ	ㅇ	ㅈ	ㅊ
가수	나누다	다리	가루	고모	바구니	사다리	아버지	도자기*	기차
가지	나라	다리미	도라지*	고무	바나나	소나무	아이	자두	차
고구마	나무	두더지	도로	마스크	바다	소라	아파트	자라	차다
고기	나사	두드리다	라디오	마시다	보다	소리	어부	주머니	초
고추	노루	두루미	루비*	마차	보라*	수저	오이	주사	치다
기타	누나	두부	리코더*	미소	보리	시소	이마	지하	치마*

ㅋ	ㅌ	ㅍ	ㅎ		ㄲ	ㄸ	ㅃ	ㅆ	ㅉ
카드	버터*	파도	하마		까치	머리띠	뻐꾸기	싸우다*	가짜*
커피*	타다	파리	하모니카*		코끼리		뿌리	쓰다	짜다*
코	타조	포수	허리				아빠	아저씨	찌푸리다*
코스모스	토마토*	피아노	허수아비						
쿠키*	투호	피리	호두						
크다	티라노사우루스	피자	호수						

낱말 옆의 빨간 별표(*)는 교과서에 나오지 않은 낱말임을 표시합니다.
'그리다'와 '흐리다'는 교과서에서 'ㅡ'를 배울 때 각각 '그림'과 '흐림'으로 들어가 있어, 받침을 빼고 기본형으로 바꿔 넣었습니다.

❸ 받침이 있는 말: 받침, 쌍받침, 겹받침

ㄱ	ㄴ	ㄷ	ㄹ	ㅁ	ㅂ	ㅅ	ㅇ	ㅈ	ㅊ
가족	기린	걷다	거울	고슴도치	구급차	그릇	강아지	곶감	꽃
낙타	리본	돋보기	나들이	구름	뜨겁다	나뭇가지	고양이	낮잠	꽃집
독수리	문어	듣다	놀이터	느낌표	입다	버섯	소방서	잊다	불꽃*
수박	반지	받다	달리기	마음	접시	빗	장미	젖소*	윷
악어	우산	받침	이불	부모님	집	옷	지팡이	지읒*	쫓아가다
학교	자전거	숟가락	하늘	염소	컵	젓가락	호랑이	찾다	치읓*

ㅋ	ㅌ	ㅍ	ㅎ		ㄲ	ㅆ	겹자음
동녘	같다	나뭇잎	낳다		낚시	갔다	닮다
부엌	낱말	무릎	놓다		닦다	먹었다	많다
키읔	맡다	숲	좋아하다		묶다	샀다	없다
	붙다	숲길	파랗다		볶음밥	있다	여덟
	솥	앞	하얗다		섞다*	찼다	읽다
	팥죽	옆	히읗*				

❹ 복잡한 모음자

ㅐ	ㅔ	ㅒ	ㅖ	ㅘ	ㅝ
모래	게	얘기	계단	과자	병원
배	그네	얘야	시계	기와	월요일
새	제비		예의	사과	태권도

ㅙ	ㅚ	ㅞ	ㅟ	ㅢ
돼지	열쇠	꿰매다	가위	무늬
왜	참외	스웨터	귀	의사
횃불	최고	훼손	바위	의자

❺ 받침이 있는 쌍자음

ㄲ	ㄸ	ㅃ	ㅆ	ㅉ
고깔*	뒤뚱뒤뚱	빨간색	눈썹*	번쩍
깜빡깜빡	딱지	빨래	새싹	짝꿍
깡충깡충	딸기	손뼉	쌍둥이*	짧다
발꿈치	땅콩	짬뽕	쌩쌩	쨍쨍
수도꼭지	떡볶이	찐빵	썰매	쪽지
연필깎이	떴다	코뿔소*	쑥	찍다

[초등 국어! 쓰기가 답이다]
교과서 낱말로 놀며 받아쓰기 초등 국어 1-1

이 책은 이렇게 구성되었어요!

1 **초등학교 1학년 1학기 국어 교과서에 나오는 중요 낱말 엄선!**
이 시기에 꼭 익혀야 하는 낱말들을 알아보기 쉬운 그림과 함께 수록하였어요. 한글로 놀이하고 따라 쓰고 받아쓰는 동안 교과서 낱말을 완벽하게 익히게 되어 학교 수업에서 자신감을 가질 수 있도록 하였어요.

2 **국어 교과서의 차례와 구성에 맞춘 따라 쓰고 받아쓰기!**
한글 놀이로 시작하여 모음자와 자음자의 순서로 여러 가지 낱말을 따라 쓰고 익히도록 한 국어 교과서의 구성에 맞추어, 놀이 활동으로 재미있게 학습하면서 따라 쓰고 받아쓰는 연습까지 충분히 할 수 있도록 구성하였어요.

3 **국어 교과서 낱말로 시작하는 한글 놀이!**
숨은 낱말 찾기, 선 잇기, 미로 찾기, 다른 그림 찾기, 색칠하기, 끝말잇기 등 아이들이 좋아하는 놀이 위주의 활동과 따라 쓰고 받아쓰는 활동을 번갈아 배치해 학습의 흥미를 높였어요.

따라 쓰기, 받아쓰기 음원 듣기

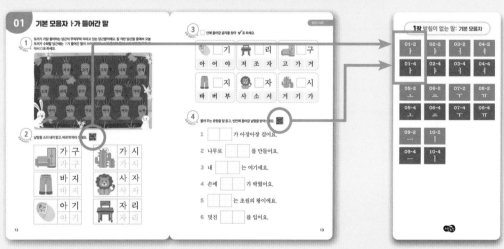

2번 '낱말 따라 쓰기'와 4번 '낱말 받아쓰기'의
QR 코드를 휴대폰으로 찍어요.

해당 음원을 들으며 낱말 따라 쓰기와
문장의 낱말 받아쓰기를 충분히 반복 연습해요.

1장

받침이 없는 말
: 기본 모음자

1 토끼가 가장 좋아하는 당근이 무럭무럭 자라고 있는 당근밭이에요. 잘 자란 당근들 중에서 오늘 토끼가 수확할 당근에는 ㅏ가 들어간 말이 쓰여 있어요. ㅏ가 들어간 말이 쓰인 당근을 모두 찾아서 ○표 하세요.

2 낱말을 소리 내어 읽고, 바르게 따라 쓰세요.

③ 낱말 친해지기

□ 안에 들어갈 글자를 찾아 ✔ 표 하세요.

□기	□리	□구
아 어 야	저 조 자	고 가 거

□지	□자	□시
바 버 부	사 소 서	거 기 가

④ 낱말 받아쓰기

불러 주는 문장을 잘 듣고, 빈칸에 들어갈 낱말을 받아쓰세요.

1 □□ 가 아장아장 걸어요.

2 나무로 □□ 를 만들어요.

3 내 □□ 는 여기예요.

4 손에 □□ 가 박혔어요.

5 □□ 는 초원의 왕이에요.

6 멋진 □□ 를 입어요.

기본 모음자 ㅑ가 들어간 말

1
낱말 익히기

동글동글 토마토들이 자라고 있는 토마토 농장이에요. 여기에 있는 토마토를 갈아서 맛있는 토마토주스를 만들려고 해요. 잘 익은 토마토들 중에서 주스로 만들 토마토에는 ㅑ가 들어간 말이 쓰여 있어요. ㅑ가 들어간 말이 쓰인 토마토를 모두 찾아서 ○표 하세요.

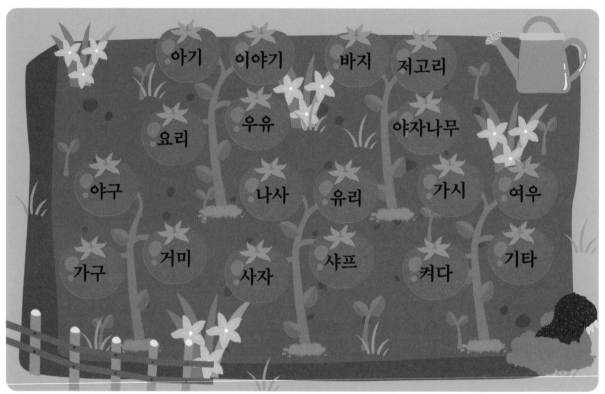

2
낱말 따라쓰기

낱말을 소리 내어 읽고, 바르게 따라 쓰세요.

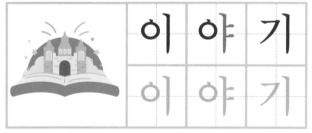

3 그림에 맞는 낱말을 찾아 선으로 이으세요.

• 사프

• 샤프

• 요구

• 야구

• 이야기

• 이여기

• 아자나무

• 야자나무

4 불러 주는 문장을 잘 듣고, 빈칸에 들어갈 낱말을 받아쓰세요.

1 내 ⬚⬚ 는 파란색이에요.

2 재미있는 옛날 ⬚⬚⬚

3 ⬚⬚⬚⬚ 그늘이 시원해요.

4 나는 ⬚⬚ 를 좋아해요.

1 울퉁불퉁 못생겼지만 맛 좋고 몸에 좋은 감자로 샐러드를 만들려고 해요. 오늘 밭에서 캐 온 싱싱한 감자들 중에서 감자샐러드로 만들 감자에는 ㅓ가 들어간 말이 쓰여 있어요. ㅓ가 들어간 말이 쓰인 감자를 모두 찾아서 ○표 하세요.

가시　어머니
이마　거미　이모　나비

고모　마루
저고리　자리　머리　주소

기차　이야기
기러기　오이　너구리　사다리

2 낱말을 소리 내어 읽고, 바르게 따라 쓰세요.

거미		머리
거미		머리

너구리		기러기
너구리		기러기

어머니		저고리
어머니		저고리

3 안에 들어갈 글자를 찾아 ✔ 표 하세요.

🧑‍🍼 □머니	👦 □리	🦆 기□기
아 어 머	머 미 마	라 러 리

🦝 □구리	🕷️ □미	🎀 □고리
나 노 너	구 가 거	저 자 조

4 불러 주는 문장을 잘 듣고, 빈칸에 들어갈 낱말을 받아쓰세요.

1 [　　] 가 줄을 타요.

2 [　　　] 는 동굴에 살아요.

3 [　　　] 는 나를 사랑해요.

4 동생의 [　　] 를 쓰다듬어요.

5 색동 [　　　] 가 예뻐요.

6 [　　　] 들이 줄지어 날아가요.

1 아삭아삭 맛있는 김치를 담그려고 배추를 사러 왔어요. 소쿠리에 가지런히 놓인 배추들 중에서 우리가 사 갈 배추에는 ㅕ가 들어간 말이 쓰여 있어요. ㅕ가 들어간 말이 쓰인 배추를 모두 찾아서 ○표 하세요.

2 낱말을 소리 내어 읽고, 바르게 따라 쓰세요.

3 그림에 맞는 낱말을 찾아 선으로 이으세요.

☐다 •   • 벼

티☐츠 •   • 셔

☐ •   • 여

☐ •   • 켜

☐우 •   • 혀

4 불러 주는 문장을 잘 듣고, 빈칸에 들어갈 낱말을 받아쓰세요.

1 아이스크림을 ☐☐로 핥아먹어요.

2 새 ☐☐☐☐를 입어요.

3 크게 기지개를 ☐☐.

4 ☐ 가 누렇게 익었어요.

5 내 동생은 ☐☐ 예요.

6 ☐☐ 가 두루미를 초대했어요.

기본 모음자 ㅏ, ㅑ, ㅓ, ㅕ랑 놀아요

1 그림이 가리키는 낱말을 왼쪽에서 오른쪽(→), 또는 위에서 아래(↓) 방향으로 찾아 ○표 하고, 따라 쓰세요.

너	고	리	사	거	시	비	거
바	머	야	자	나	무	자	마
지	니	이	기	라	기	나	무
여	기	기	러	기	티	어	기
자	리	저	고	리	샤	머	리
켜	다	너	구	리	초	니	가
요	기	우	여	버	아	마	리
우	러	기	이	야	기	버	지

20

2 그림의 이름을 찾아 순서대로 색칠하세요.

| 가 | 나 | 구 | 다 | 누 |

| 타 | 티 | 샤 | 셔 | 츠 |

| 자 | 저 | 구 | 고 | 리 |

| 여 | 어 | 야 | 우 | 오 |

3 그림에 맞는 낱말이 되도록 알맞은 글자를 찾아 ○표 하세요.

□구

아 야 어
여 오 요
우 유 이

□다

카 캬 커
켜 코 쿄
쿠 큐 키

□시

가 갸 거
겨 고 교
구 규 기

□미

가 갸 거
겨 고 교
구 규 기

4 그림에 맞는 낱말을 찾아 ○표 하세요.

벼
버

여자
어자

허
혀

05 기본 모음자 ㅗ가 들어간 말

1 낱말 익히기

오늘은 빨갛게 잘 익은 사과를 수확하는 날이에요. 그런데 새콤달콤한 사과를 좋아하는 까치를 위해 사과 몇 개는 나무에 남겨두려고 해요. 까치를 위해 남겨둘 사과에는 ㅗ가 들어간 말이 쓰여 있어요. ㅗ가 들어간 말이 쓰인 사과를 모두 찾아서 ○표 하세요.

2 낱말 따라쓰기

낱말을 소리 내어 읽고, 바르게 따라 쓰세요.

모	기
모	기

오	리
오	리

보	자	기
보	자	기

모	자
모	자

포	도
포	도

도	토	리
도	토	리

3 낱말과 친해지기 ☐ 안에 들어갈 글자를 찾아 ✔ 표 하세요.

☐리   오 우 으

☐자   무 마 모

☐자기   바 보 부

☐토리   도 두 드

☐도   표 포 파

☐기   마 모 무

4 낱말 받아쓰기 불러 주는 문장을 잘 듣고, 빈칸에 들어갈 낱말을 받아쓰세요.

1 동그란 ☐☐ 를 써요.

2 ☐☐☐ 로 물건을 싸요.

3 ☐☐ 가 뒤뚱뒤뚱 걸어가요.

4 ☐☐ 에 물리면 간지러워요.

5 다람쥐는 ☐☐☐ 를 좋아해요.

6 ☐☐ 가 주렁주렁 열렸어요.

23

1 송이송이 보랏빛으로 잘 익은 포도가 바구니마다 가득 담겨 있어요. 여우는 친구들과 포도를 나누어 먹으려고 해요. 먹음직스러운 포도송이들 중에서 친구들에게 나누어 줄 포도송이에는 ㅛ가 들어간 말이 쓰여 있어요. ㅛ가 들어간 말이 쓰인 포도송이를 모두 찾아서 ○표 하세요.

2 낱말을 소리 내어 읽고, 바르게 따라 쓰세요.

요	가		요	리
요	가		요	리

요	요		치	료
요	요		치	료

표	시		요	구	르	트
표	시		요	구	르	트

3 그림에 맞는 낱말을 찾아 선으로 이으세요.

 □ 가 •

치 □ •

□ 리 •

□ 시 •

□ 구르트 •

• 요

• 료

• 표

4 불러 주는 문장을 잘 듣고, 빈칸에 들어갈 낱말을 받아쓰세요.

1 동그라미 ⬜⬜ 를 해요.

2 아빠와 함께 ⬜⬜ 해요.

3 시원한 ⬜⬜⬜⬜ 를 마셔요.

4 ⬜⬜ 동작이 재미있어요.

5 아프지 않게 ⬜⬜ 해요.

6 ⬜⬜ 로 묘기를 부려요.

기본 모음자 ㅜ가 들어간 말

1 덩굴이 넓게 뻗어 나간 수박밭에 커다란 수박이 많이 열렸어요. 둥글둥글 수박들 중에서 오늘 따야 할 수박에는 ㅜ가 들어간 말이 쓰여 있어요. ㅜ가 들어간 말이 쓰인 수박을 모두 찾아서 ○표 하세요.

2 낱말을 소리 내어 읽고, 바르게 따라 쓰세요.

구 두
구 두

마 루
마 루

부 자
부 자

우 리
우 리

우 주
우 주

주 소
주 소

③
따라 친해지기
□ 안에 들어갈 글자를 찾아 ✔표 하세요.

□두	□소	□자
고 가 구	주 조 지	보 부 버

□리	마□	□주
우 유 오	로 루 리	오 우 유

④
따라 받아쓰기
불러 주는 문장을 잘 듣고, 빈칸에 들어갈 낱말을 받아쓰세요.

1 빨간 ⬚⬚ 를 신어요.

2 흥부는 ⬚⬚ 가 되었어요.

3 ⬚⬚ 는 지구보다 커요.

4 ⬚⬚ 에 누우면 시원해요.

5 봉투에 ⬚⬚ 를 적어요.

6 ⬚⬚ 함께 놀자.

기본 모음자 ㅠ가 들어간 말

1 늘말 익히기

엄마가 달콤한 복숭아를 한 상자 사 오셨어요. 상자 안에는 딱딱한 복숭아와 말랑한 복숭아가 섞여 있는데, 내가 좋아하는 말랑한 복숭아에는 ㅠ가 들어간 말이 쓰여 있어요. ㅠ가 들어간 말이 쓰인 복숭아를 모두 찾아서 ○표 하세요.

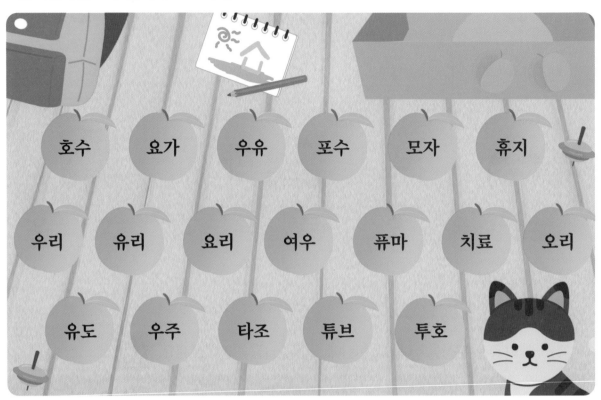

호수   요가   우유   포수   모자   휴지

우리   유리   요리   여우   퓨마   치료   오리

유도   우주   타조   튜브   투호

2 늘말 따라쓰기

낱말을 소리 내어 읽고, 바르게 따라 쓰세요.

	우 유		유 도
	우 유		유 도

	유 리		튜 브
	유 리		튜 브

	퓨 마		휴 지
	퓨 마		휴 지

3 그림에 맞는 낱말을 찾아 선으로 이으세요.

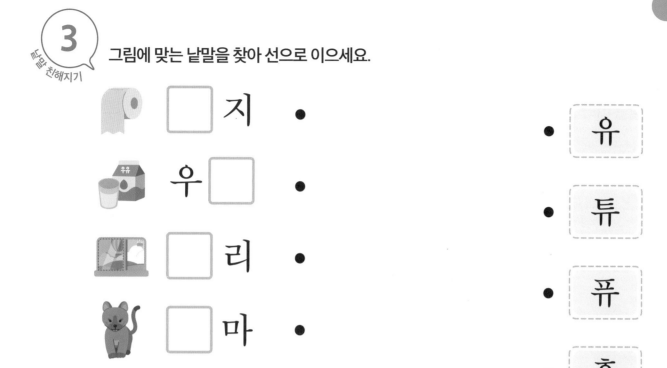

지 •

우 □ •

□ 리 •

□ 마 •

□ 브 •

• 유

• 튜

• 퓨

• 휴

4 불러 주는 문장을 잘 듣고, 빈칸에 들어갈 낱말을 받아쓰세요.

1 꿀꺽꿀꺽 ⬜⬜ 를 마셔요.

2 ⬜⬜ 는 사냥을 잘해요.

3 창문은 ⬜⬜ 로 만들었어요.

4 ⬜⬜ 로 코를 닦아요.

5 나는 ⬜⬜ 를 좋아해요.

6 ⬜⬜ 에 바람을 넣어요.

기본 모음자 ㅗ, ㅛ, ㅜ, ㅠ 랑 놀아요

1 낱말을 따라 쓰고, 낱말에 해당하는 그림을 찾아서 ○표 하세요.

보	자	기	우	유	구	두	요	구	르	트
튜	브	표	시	휴	지	도	토	리	모	기

2 그림의 이름을 찾아 순서대로 색칠하세요.

| 오 | 요 | 러 | 유 | 리 |

| 유 | 우 | 오 | 주 | 조 |

| 푸 | 머 | 퓨 | 프 | 마 |

| 유 | 요 | 리 | 오 | 라 |

3 그림에 맞는 낱말이 되도록 알맞은 글자를 찾아 ○표 하세요.

□자

마 먀 머
며 모 묘
무 뮤 므

파 퍄 퍼
펴 포 표
푸 퓨 프

□도

마□

라 랴 러
려 로 료
루 류 르

아 야 어
여 오 요
우 유 으

□리

4 그림에 맞는 낱말을 찾아 ○표 하세요.

유리   요리   우리

조소   자소   주소

보자   부자   브자

기본 모음자 ㅡ가 들어간 말

1 낱말 익히기

가을이 되면 감나무에 달린 감을 따서 깎아 먹기도 하고, 곶감을 만들기도 해요. 마루에 널어놓은 감들 중에서 곶감을 만들 감에는 ㅡ가 들어간 말이 쓰여 있어요. ㅡ가 들어간 말이 쓰인 감을 모두 찾아서 ○표 하세요.

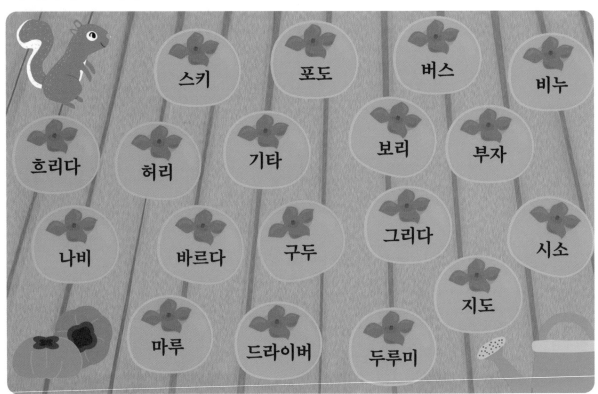

2 낱말 따라쓰기

낱말을 소리 내어 읽고, 바르게 따라 쓰세요.

버	스
버	스

스	키
스	키

그	리	다
그	리	다

바	르	다
바	르	다

흐	리	다
흐	리	다

드	라	이	버
드	라	이	버

③ 낱말 친해지기

□ 안에 들어갈 글자를 찾아 ✔표 하세요.

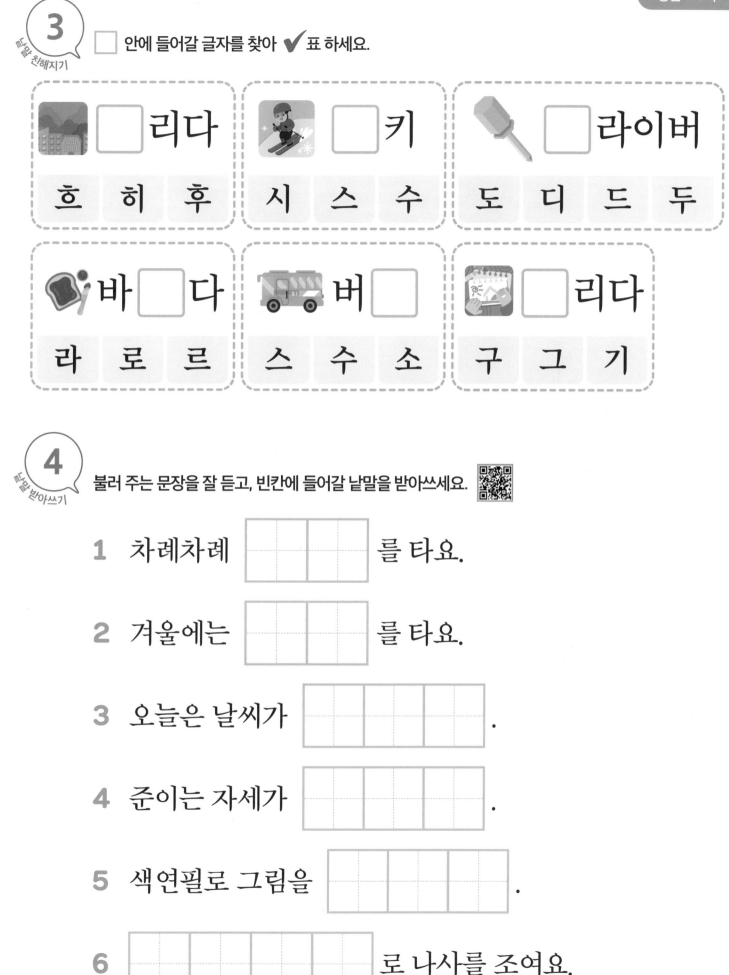

□리다
흐　히　후

□키
시　스　수

□라이버
도　디　드　두

바□다
라　로　르

버□
스　수　소

□리다
구　그　기

④ 낱말 받아쓰기

불러 주는 문장을 잘 듣고, 빈칸에 들어갈 낱말을 받아쓰세요.

1 차례차례 　　　 를 타요.

2 겨울에는 　　　 를 타요.

3 오늘은 날씨가 　　　 .

4 준이는 자세가 　　　 .

5 색연필로 그림을 　　　 .

6 　　　 로 나사를 조여요.

1 엄마 오리가 아기 오리들을 데리고 채소 가게에 왔어요. 빨강, 초록, 노랑, 보라⋯⋯, 여러 색깔의 싱싱한 채소들 중에서 아기 오리들이 좋아하는 채소에는 ㅣ가 들어간 말이 쓰여 있어요. ㅣ가 들어간 말이 쓰인 채소를 모두 찾아서 ○표 하세요.

2 낱말을 소리 내어 읽고, 바르게 따라 쓰세요.

3 그림에 맞는 낱말을 찾아 선으로 이으세요.

🚚	□사	•
🧼	□누	•
🦋	나□	•
🗺	□도	•
👨‍👩‍👧‍👧	□모	•

• 비

• 지

• 이

4 불러 주는 문장을 잘 듣고, 빈칸에 들어갈 낱말을 받아쓰세요.

1 ☐☐ 로 손을 씻어요.

2 치카치카 ☐ 를 닦아요.

3 ☐☐ 를 보며 여행해요.

4 우리 ☐☐ 는 선생님이에요.

5 ☐☐ 가 훨훨 날아가요.

6 새 집으로 ☐☐ 해요.

35

기본 모음자 ㅡ, ㅣ랑 놀아요

1 그림에 맞는 낱말을 찾아 선으로 잇고, 바르게 따라 쓰세요.

 •

• 나 비

 •

• 그 리 다

 •

• 이 모

 •

• 지 도

 •

• 흐 리 다

 •

• 이 사

 •

• 버 스

 •

• 바 르 다

2 그림의 이름을 찾아 순서대로 색칠하세요.

| 바 | 버 | 비 | 노 | 누 |

| 바 | 르 | 로 | 다 | 디 |

| 그 | 고 | 르 | 리 | 다 |

| 바 | 버 | 소 | 스 | 시 |

3 그림에 맞는 낱말이 되도록 알맞은 글자를 찾아 ○표 하세요.

나☐

바 뱌 버
벼 보 뵤
뷰 브 비

나☐

사 샤 서
슈 스 시
셔 소 쇼

☐키

아 야 어
여 오 요
유 으 이

☐모

듀 드 디
다 댜 더
뎌 도 됴

☐라이버

4 그림에 맞는 낱말을 찾아 ○표 하세요.

지도
자두

호리다
흐리다

아시
이사

기본 모음자 ㅏ~ㅣ로 재미있게 놀아요

1 농장에서 하루 일을 모두 마친 농부 아저씨가 집으로 돌아가 쉬려고 해요. 갈림길마다 그림의 이름을 바르게 적어 놓은 길을 따라가 아저씨가 집에 도착할 수 있게 해 주세요.

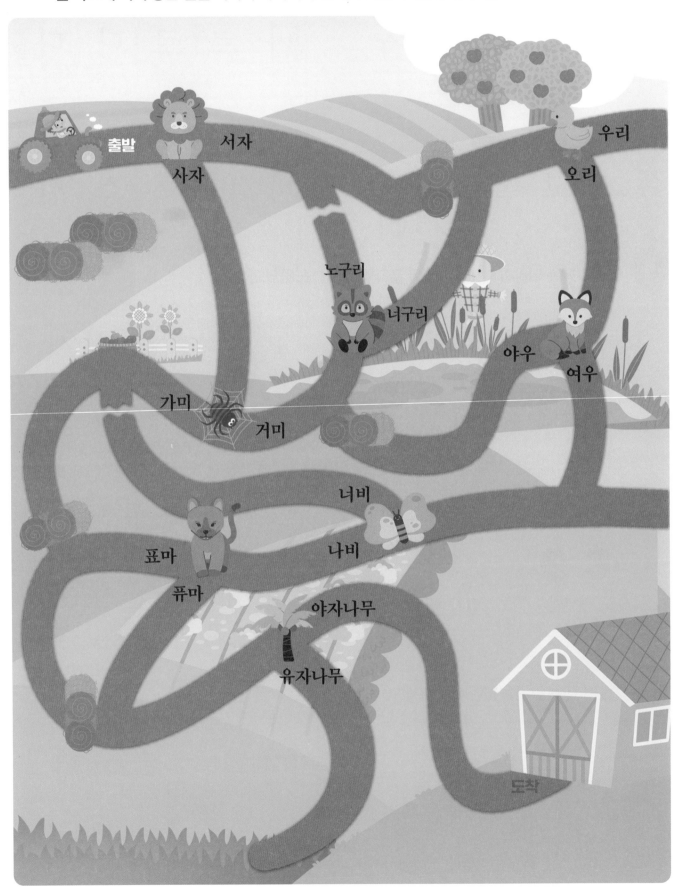

2 오른쪽 그림은 왼쪽 그림을 보고 따라 그린 것인데 어딘가 이상해요. 왼쪽 그림에는 있지만, 오른쪽 그림에서는 사라진 것의 이름을 찾아 ○표 하세요.

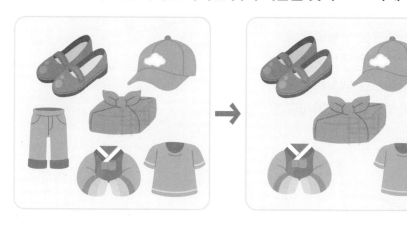

구두 모자
바지 보자기
저고리 티셔츠

 →

드라이버 샤프
요요 지도
튜브 휴지

 →

아기 어머니
요구르트 우리
우유 이모

 →

그리다 스키
야구 요가
요리 유도

기본 모음자 ㅏ~ㅣ로 재미있게 놀아요

3 어떤 그림이 숨어 있을까요? 낱말이 바르게 적혀 있는 칸을 모두 찾아 아래의 조건에 맞게 색칠하면 그림이 나타나요.

> ㅏ가 들어간 낱말이 있는 칸은 빨간색으로 색칠하세요.
> ㅓ가 들어간 낱말이 있는 칸은 노란색으로 색칠하세요.
> ㅗ가 들어간 낱말이 있는 칸은 주황색으로 색칠하세요.
> ㅜ가 들어간 낱말은 있는 칸은 초록색으로 색칠하세요.

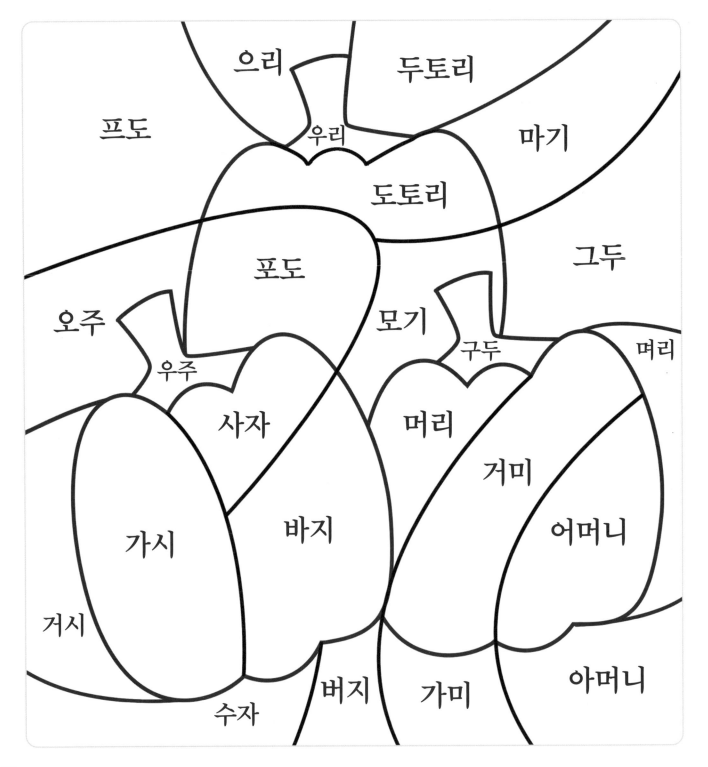

2장

받침이 없는 말
: 기본 자음자, 쌍자음

기본 자음자 ㄱ이 들어간 말

1 낱말 익히기

숲속에서 장난을 치며 놀던 다람쥐가 배가 고파 먹이를 찾고 있어요. 다람쥐는 땅에 떨어진 도토리들 중에서 ㄱ이 들어간 말이 쓰인 것만 먹을 수 있어요. ㄱ이 들어간 말이 쓰인 도토리를 모두 찾아서 ○표 하세요.

2 낱말 따라쓰기

낱말을 소리 내어 읽고, 바르게 따라 쓰세요.

	가 수
	가 수

	가 지
	가 지

	고 기
	고 기

	고 추
	고 추

	기 타
	기 타

	고 구 마
	고 구 마

③ ▢ 안에 들어갈 글자를 찾아 ✔표 하세요.

	▢기		▢지		고▢마
고	노	모	나	가	바	구	무	수

| | ▢수 | | ▢타 | | ▢추 |
| 바 | 나 | 가 | 기 | 미 | 비 | 보 | 고 | 모 |

④ 불러 주는 문장을 잘 듣고, 빈칸에 들어갈 낱말을 받아쓰세요.

1 내 꿈은 ▢▢ 예요.

2 ▢▢ 가 너무 매워요.

3 ▢▢ 가 탐스럽게 열렸어요.

4 밭에 ▢▢▢ 를 심어요.

5 ▢▢ 가 노릇노릇하게 익었어요.

6 누나가 ▢▢ 를 연주해요.

12 기본 자음자 ㄴ이 들어간 말

1 아빠 곰이 달콤한 꿀이 가득 담긴 꿀단지들을 마당에 가져다 놓았어요. 많은 꿀단지들 중에서 ㄴ이 들어간 말이 쓰인 것이 아빠 곰의 꿀단지예요. ㄴ이 들어간 말이 쓰인 꿀단지를 모두 찾아 서 ○표 하세요.

2 낱말을 소리 내어 읽고, 바르게 따라 쓰세요.

| 나 | 라 |
| 나 | 라 |

| 나 | 사 |
| 나 | 사 |

| 누 | 나 |
| 누 | 나 |

| 나 | 무 |
| 나 | 무 |

| 노 | 루 |
| 노 | 루 |

| 나 | 누 | 다 |
| 나 | 누 | 다 |

44

3 그림에 맞는 낱말을 찾아 선으로 이으세요.

□ 라 •

□ 루 •

□ 무 •

□ 나 •

□ 누다 •

• 나

• 노

• 누

 4 불러 주는 문장을 잘 듣고, 빈칸에 들어갈 낱말을 받아쓰세요.

1 우리 □□ 는 사계절이 뚜렷해요.

2 사과를 반으로 □□□ .

3 □□ 를 단단하게 조여요.

4 사냥꾼이 □□ 를 쫓아요.

5 □□ 는 달리기를 잘해요.

6 마당에 □□ 를 심었어요.

기본 자음자 ㄷ이 들어간 말

1 받침 익히기

양치기 개를 보고 놀라 우리를 벗어났던 양들이 모두 무사히 우리 안으로 돌아왔어요. 그런데 늦게 와서 먹이를 먹지 못한 양들이 있어 따로 먹이를 줘야 해요. 늦게 우리로 돌아온 양에는 ㄷ이 들어간 말이 쓰여 있어요. ㄷ이 들어간 말이 쓰인 양을 모두 찾아서 ○표 하세요.

2 받침 따라쓰기

낱말을 소리 내어 읽고, 바르게 따라 쓰세요.

다	리
다	리

다	리	미
다	리	미

두	부
두	부

두	더	지
두	더	지

두	루	미
두	루	미

두	드	리	다
두	드	리	다

3 낱말 친해지기

□ 안에 들어갈 글자를 찾아 ✔ 표 하세요.

□루미
두 무 구

□리
사 마 다

두□지
머 더 거

□부
수 무 두

□리미
다 가 아

두□리다
으 드 브 므

4 낱말 받아쓰기

불러 주는 문장을 잘 듣고, 빈칸에 들어갈 낱말을 받아쓰세요.

1 무지개 □□ 를 건너요.

2 □□□ 가 물가에 내려앉았어요.

3 □□□ 가 땅굴을 파요.

4 □□□ 로 옷을 다려요.

5 콩으로 □□ 를 만들어요.

6 방문을 똑똑 □□□□ .

14 기본 자음자 ㄹ이 들어간 말

① 농장에서 어미 닭 여러 마리가 낳은 알들이 섞여 있어요. 비슷하게 생긴 알들 사이에서 흰 닭이 자기가 낳은 알을 찾고 있어요. 흰 닭이 낳은 알에는 ㄹ이 들어간 말이 쓰여 있어요. ㄹ이 들어간 말이 쓰인 알을 모두 찾아서 ○표 하세요.

② 낱말을 소리 내어 읽고, 바르게 따라 쓰세요.

③ 그림에 맞는 낱말을 찾아 선으로 이으세요.

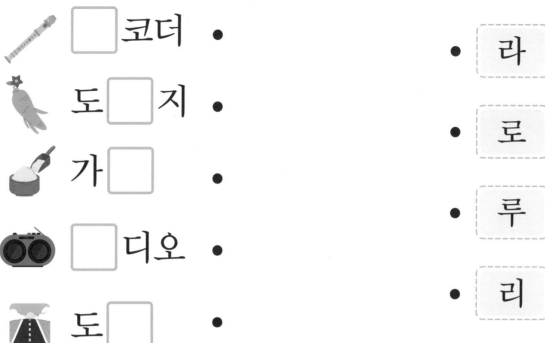

□코더 •

도□지 •

가□ •

□디오 •

도□ •

• 라

• 로

• 루

• 리

④ 불러 주는 문장을 잘 듣고, 빈칸에 들어갈 낱말을 받아쓰세요.

1 [　|　] 에 차들이 많아요.

2 [　|　|　] 로 음악을 연주해요.

3 [　|　] 가 반짝반짝 빛나요.

4 [　|　] 로 곱게 빻아요.

5 [　|　|　] 방송을 들어요.

6 [　|　|　] 꽃이 가득 피었어요.

기본 자음자 ㄱ, ㄴ, ㄷ, ㄹ이랑 놀아요

1 그림이 가리키는 낱말을 왼쪽에서 오른쪽(→), 또는 위에서 아래(↓) 방향으로 찾아 ○표 하고, 따라 쓰세요.

가	나	고	치	다	아	소	가
나	나	차	아	이	두	더	지
루	누	기	오	노	드	구	비
수	다	리	자	그	리	노	두
소	고	코	초	서	다	버	부
거	구	더	겨	고	야	자	더
바	노	시	기	구	거	기	타
가	루	느	미	마	바	가	터

2 그림의 이름을 찾아 순서대로 색칠하세요.

고	가	기	거	구

다	나	부	무	두

다	나	리	미	비

러	라	디	오	우

3 그림에 맞는 낱말이 되도록 알맞은 글자를 찾아 ○표 하세요.

☐수

가 나 다
라 마 바
사 아 자

사 아 자
가 나 다
라 마 바

☐사

☐루미

구 누 두
루 무 부
수 우 주

로 모 보
소 오 조
고 노 도

도☐

4 그림에 맞는 낱말을 찾아 ○표 하세요.

누나
나누

고초
고추

두부
도부

15 기본 자음자 ㅁ이 들어간 말

1 새끼 거북들이 바다를 향해 부지런히 기어가고 있어요. 그런데 등껍질에 ㅁ이 들어간 말이 쓰인 거북들은 감기에 걸려서 지금 바다로 가면 안 돼요. 등껍질에 ㅁ이 들어간 말이 쓰인 새끼 거북을 모두 찾아서 ○표 하세요.

2 낱말을 소리 내어 읽고, 바르게 따라 쓰세요.

고	모
고	모

고	무
고	무

마	차
마	차

미	소
미	소

마	스	크
마	스	크

마	시	다
마	시	다

52

③ 낱말과 친해지기 ☐ 안에 들어갈 글자를 찾아 ✔ 표 하세요.

☐소
미 비 시

고☐
부 수 무

☐스크
마 바 가

☐차
바 마 자

☐시다
나 아 마

고☐
보 모 도

④ 낱말 받아쓰기 불러 주는 문장을 잘 듣고, 빈칸에 들어갈 낱말을 받아쓰세요.

1 ☐☐☐ 를 쓰고 외출해요.

2 아기가 ☐☐ 를 지어요.

3 우리 ☐☐ 는 요리사예요.

4 덜커덕거리며 ☐☐ 가 지나가요.

5 ☐☐ 는 잘 늘어나요.

6 시원한 물을 ☐☐☐ .

16 기본 자음자 ㅂ이 들어간 말

1

깊은 바닷속에는 여러 물고기들이 함께 어울려 살고 있어요. 그리고 물고기들 중에는 서로 친한 물고기들도 있어요. 서로 친구 사이인 물고기에는 ㅂ이 들어간 말이 쓰여 있어요. ㅂ이 들어간 말이 쓰인 물고기를 모두 찾아서 ○표 하세요.

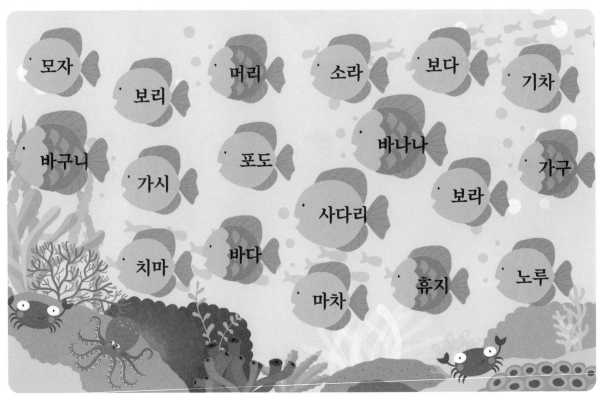

2

낱말을 소리 내어 읽고, 바르게 따라 쓰세요.

54

3 그림에 맞는 낱말을 찾아 선으로 이으세요.

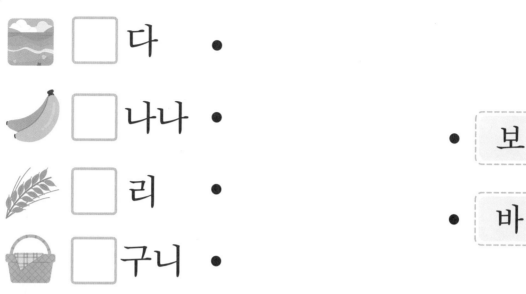

다 •

나나 •

리 •

구니 •

다 •

• 보

• 바

4 불러 주는 문장을 잘 듣고, 빈칸에 들어갈 낱말을 받아쓰세요.

1 ⬚⬚⬚ 에 달걀이 가득해요.

2 ⬚⬚ 색 꽃이 피었어요.

3 여름 ⬚⬚ 로 떠나요.

4 ⬚⬚ 가 누렇게 익어 가요.

5 동생에게 ⬚⬚⬚ 를 주었어요.

6 파란 하늘을 ⬚⬚ .

1 집게발을 가진 게는 옆으로 걸어 다니고 헤엄도 잘 쳐요. 깊은 물속에서 놀고 있는 게들 중에서 특히 ㅅ이 들어간 말이 쓰여 있는 게는 헤엄치기 대장이랍니다. ㅅ이 들어간 말이 쓰인 게를 모두 찾아서 ○표 하세요.

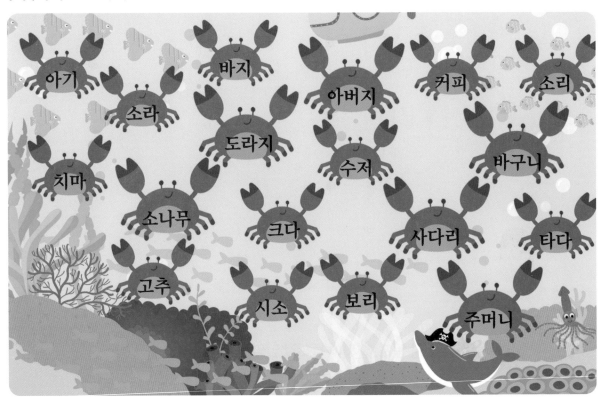

2 낱말을 소리 내어 읽고, 바르게 따라 쓰세요.

소 라
소 라

소 리
소 리

수 저
수 저

시 소
시 소

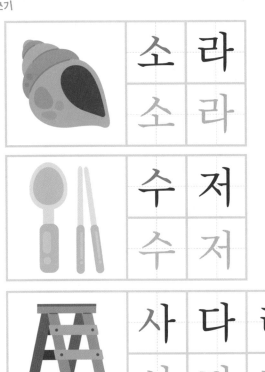

사 다 리
사 다 리

소 나 무
소 나 무

56

3 낱말 친해지기

□ 안에 들어갈 글자를 찾아 ✔ 표 하세요.

□소
지 비 시

□라
소 보 고

□다리
사 바 나

□리
조 소 오

□나무
오 고 소

□저
수 주 부

4 낱말 받아쓰기

불러 주는 문장을 잘 듣고, 빈칸에 들어갈 낱말을 받아쓰세요.

1 ⬜⬜⬜ 가 계단처럼 생겼어요.

2 ⬜⬜ 껍데기를 주웠어요.

3 놀이터에서 ⬜⬜ 를 타요.

4 ⬜⬜ 는 내가 놓을게요.

5 이상한 ⬜⬜ 가 나요.

6 ⬜⬜⬜ 그늘이 시원해요.

18

기본 자음자 ㅇ이 들어간 말

1
느말 익히기

배부른 악어들이 따뜻한 햇볕 아래에서 쉬고 있어요. 악어가 입을 쩍 벌리면 악어새가 날아와 악어의 이빨을 청소해 줘요. 벌써 청소를 끝낸 악어의 등에는 ㅇ이 들어간 말이 쓰여 있어요. ㅇ이 들어간 말이 쓰인 악어를 모두 찾아서 ○표 하세요.

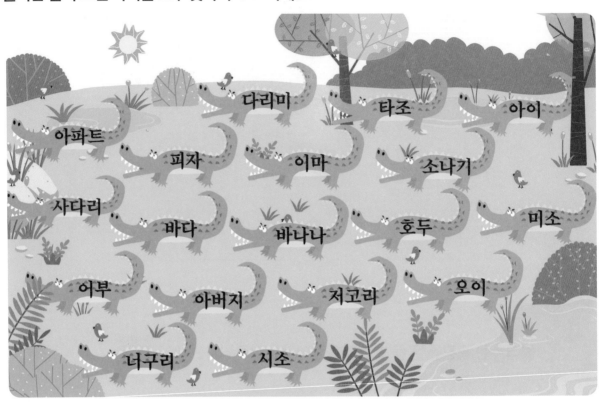

2
느말 따라쓰기

낱말을 소리 내어 읽고, 바르게 따라 쓰세요.

아 이
아 이

어 부
어 부

오 이
오 이

이 마
이 마

아 버 지
아 버 지

아 파 트
아 파 트

3 그림에 맞는 낱말을 찾아 선으로 이으세요.

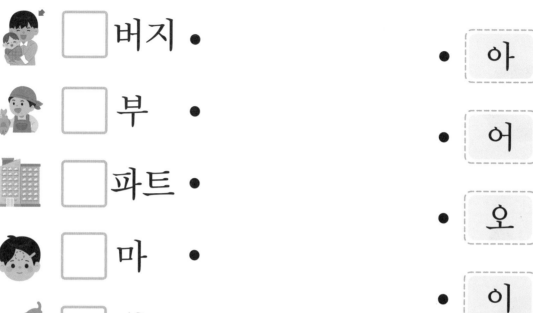

□ 버지 •

□ 부 •

□ 파트 •

□ 마 •

□ 이 •

• 아

• 어

• 오

• 이

4 불러 주는 문장을 잘 듣고, 빈칸에 들어갈 낱말을 받아쓰세요.

1 아사삭아사삭 ⬚⬚ 가 맛있어요.

2 ⬚⬚ 에서 땀이 흘러요.

3 ⬚⬚ 가 그물을 당겨요.

4 나는 ⬚⬚⬚ 를 닮았어요.

5 우리 집은 ⬚⬚⬚ 예요.

6 ⬚⬚ 들이 모여서 놀아요.

기본 자음자 ㅁ, ㅂ, ㅅ, ㅇ이랑 놀아요

1 그림에 맞는 낱말을 찾아 선으로 잇고, 바르게 따라 쓰세요.

 •

•  고 모

 •

• 바 나 나

 •

• 소 리

 •

• 아 버 지

 •

• 고 무

 •

• 바 구 니

 •

• 아 파 트

 •

• 소 라

2 그림의 이름을 찾아 순서대로 색칠하세요.

| 바 | 보 | 버 | 다 | 도 |

| 모 | 마 | 스 | 수 | 크 |

| 소 | 수 | 나 | 노 | 무 |

| 오 | 아 | 어 | 보 | 부 |

3 그림에 맞는 낱말이 되도록 알맞은 글자를 찾아 ○표 하세요.

☐차

가 나 다
라 마 바
사 아 자

☐리

고 노 도
로 모 보
소 오 조

☐다리

가 나 다
라 마 바
사 아 자

☐이

고 노 도
로 모 보
소 오 조

4 그림에 맞는 낱말을 찾아 ○표 하세요.

마시다
바시다

소다
보다

이마
미마

19

기본 자음자 ㅈ이 들어간 말

1 울창한 숲에는 잎이 우거진 나무들이 많아요. 이 중에서 가을이 되면 빨갛게 단풍이 드는 나무에는 ㅈ이 들어간 말이 쓰여 있어요. ㅈ이 들어간 말이 쓰인 나무를 모두 찾아서 ○표 하세요.

낱말 익히기

보다　도자기　치마　두부　주머니　라디오

다리　자두　마시다　고기　지하　나라

주사　가수　자라　카드　이마　노루

2 낱말을 소리 내어 읽고, 바르게 따라 쓰세요.

낱말 따라쓰기

자	두
자	두

자	라
자	라

주	사
주	사

지	하
지	하

도	자	기
도	자	기

주	머	니
주	머	니

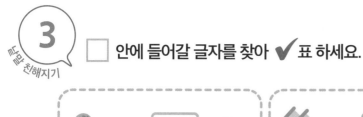

3 □ 안에 들어갈 글자를 찾아 ✔표 하세요.

🐢 □ 라	💉 □ 사	🏺 도 □ 기
바 사 자	주 추 수	자 바 아

🏠 □ 하	🍎 □ 두	🩳 □ 머니
지 시 기	사 나 자	우 수 주

4 불러 주는 문장을 잘 듣고, 빈칸에 들어갈 낱말을 받아쓰세요.

1 예방 ☐☐ 를 맞아요.

2 ☐☐ 와 거북은 달라요.

3 ☐☐ 주차장으로 가세요.

4 흙으로 ☐☐☐ 를 빚어요.

5 장난감은 ☐☐☐ 에 넣어요.

6 새콤달콤 ☐☐ 를 먹어요.

20

기본 자음자 ㅊ이 들어간 말

1 수달들이 맑은 물이 졸졸 흐르는 개울가로 놀러 나왔어요. 흐르는 물 속의 바위들 중에서 ㅊ이 들어간 말이 쓰인 바위 밑에는 수달이 좋아하는 조개가 잔뜩 있어요. ㅊ이 들어간 말이 쓰인 바위를 모두 찾아서 ○표 하세요.

2 낱말을 소리 내어 읽고, 바르게 따라 쓰세요.

③ 그림에 맞는 낱말을 찾아 선으로 이으세요.

④ 불러 주는 문장을 잘 듣고, 빈칸에 들어갈 낱말을 받아쓰세요.

1 오늘은 ⬜⬜ 를 입을래요.

2 ⬜ 들이 씽씽 달려요.

3 선생님이 피아노를 ⬜⬜ .

4 ⬜ 에 불을 켜요.

5 공을 힘껏 ⬜⬜ .

6 칙칙폭폭 ⬜⬜ 가 지나가요.

기본 자음자 ㅋ이 들어간 말

1 낱말 익히기

오늘 밤은 구름 한 점 없이 맑아서 빛나는 별을 보기에 좋은 날이에요. 하늘에 떠 있는 수많은 별들 중에서 ㅋ이 들어간 말이 쓰인 별을 망원경으로 좀 더 자세히 보려고 해요. ㅋ이 들어간 말이 쓰인 별을 모두 찾아서 ○표 하세요.

2 낱말 따라쓰기

낱말을 소리 내어 읽고, 바르게 따라 쓰세요.

3 낱말 친해지기

□ 안에 들어갈 글자를 찾아 ✔ 표 하세요.

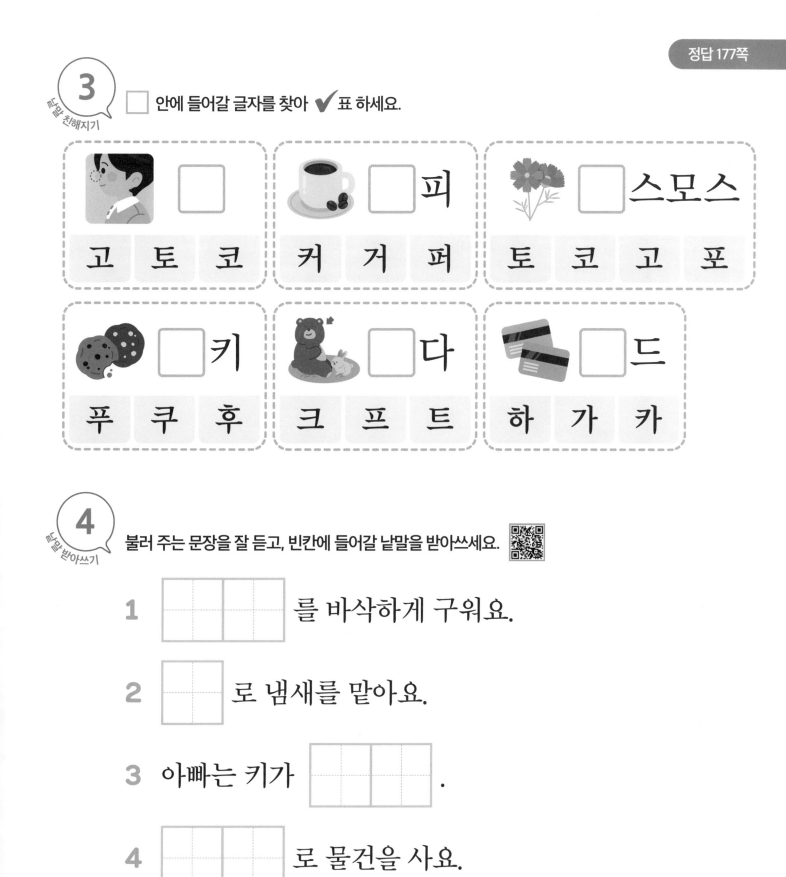

□
고 토 코

□피
커 거 퍼

□스모스
토 코 고 포

□키
푸 쿠 후

□다
크 프 트

□드
하 가 카

4 낱말 받아쓰기

불러 주는 문장을 잘 듣고, 빈칸에 들어갈 낱말을 받아쓰세요.

1 ☐☐ 를 바삭하게 구워요.

2 ☐ 로 냄새를 맡아요.

3 아빠는 키가 ☐☐ .

4 ☐☐ 로 물건을 사요.

5 엄마는 ☐☐ 를 좋아해요.

6 ☐☐☐☐ 가 바람에 흔들려요.

22 기본 자음자 ㅌ이 들어간 말

① 바닷가에 놀러 갔다가 파도에 밀려온 조개껍데기들을 잔뜩 주웠어요. 모래밭 위에 놓인 조개껍데기들 중에서 ㅌ이 들어간 말이 쓰인 것들을 모아 목걸이를 만들려고 해요. ㅌ이 들어간 말이 쓰인 조개껍데기를 모두 찾아서 ○표 하세요.

두루미 포도 투호 파도

카드 버터 티라노사우루스 보자기

타다

크다 자두 쿠키 구두

타조

두더지 토마토 피아노

차다

② 낱말을 소리 내어 읽고, 바르게 따라 쓰세요.

| 타 | 조 |
| 타 | 조 |

| 타 | 다 |
| 타 | 다 |

| 버 | 터 |
| 버 | 터 |

| 투 | 호 |
| 투 | 호 |

| 토 | 마 | 토 |
| 토 | 마 | 토 |

| 티 | 라 | 노 | 사 | 우 | 루 | 스 |
| 티 | 라 | 노 | 사 | 우 | 루 | 스 |

3 그림에 맞는 낱말을 찾아 선으로 이으세요.

☐ 마토 •

☐ 조 •

☐ 호 •

☐ 다 •

☐ 라노사우루스 •

• 타

• 토

• 투

• 티

4 불러 주는 문장을 잘 듣고, 빈칸에 들어갈 낱말을 받아쓰세요.

1 ☐☐ 는 다리가 길어요.

2 빵에 ☐☐ 를 발라요.

3 동생과 ☐☐ 놀이를 해요.

4 ☐☐☐ 가 빨갛게 익었어요.

5 차례차례 버스를 ☐☐ .

6 ☐☐☐☐☐☐☐ 는

육식 공룡이에요.

기본 자음자 ㅈ, ㅊ, ㅋ, ㅌ 이랑 놀아요

1 낱말을 따라 쓰고, 낱말에 해당하는 그림을 찾아서 ○표 하세요.

도	자	기	자	라	투	호	타	조	차	다
주	머	니	카	드	코	스	모	스	기	차

2 그림의 이름을 찾아 순서대로 색칠하세요.

주	사	자	라	두

지	치	차	다	타

크	트	다	그	라

카	차	타	다	마

3 그림에 맞는 낱말이 되도록 알맞은 글자를 찾아 ○표 하세요.

☐ 사

구 누 두
루 무 부
수 우 주

☐ 하

기 니 디
시 이 지
리 미 비

☐ 라노사우루스

비 시 이
지 치 키
티 피 히

☐ 마 ☐

호 포 토
코 초 조
오 소 보

4 그림에 맞는 낱말을 찾아 ○표 하세요.

차
자

호
코

조
초

기본 자음자 ㅍ이 들어간 말

1 봄기운이 가득한 들판에서 개미들이 나뭇잎을 나르느라 바쁘게 움직이고 있어요. 개미는 이 나뭇잎들 중에서 ㅍ이 들어간 말이 쓰인 것만 먹을 수 있어요. ㅍ이 들어간 말이 쓰인 나뭇잎을 모두 찾아서 ○표 하세요.

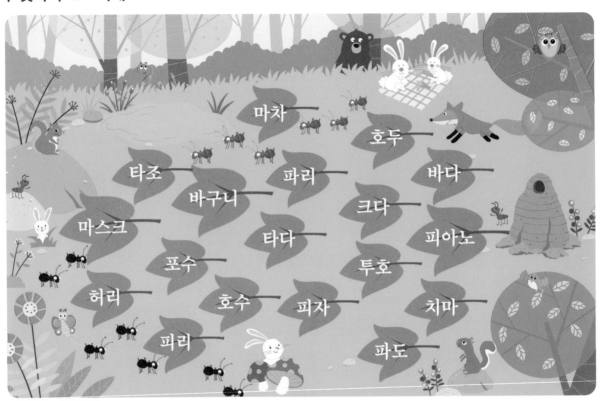

2 낱말을 소리 내어 읽고, 바르게 따라 쓰세요.

파 도	파 리
포 수	피 리
피 자	피 아 노

3 □ 안에 들어갈 글자를 찾아 ✔ 표 하세요.

□리 — 피 비 키

□도 — 바 파 하

□아노 — 치 피 비

□리 — 카 타 파

□자 — 피 미 히

□수 — 코 포 호

4 불러 주는 문장을 잘 듣고, 빈칸에 들어갈 낱말을 받아쓰세요.

1 　　　 부는 사나이

2 동생이 　　　　 를 쳐요.

3 　　　 가 바위에 부딪쳐요.

4 　　　 가 사슴을 쫓아요.

5 두꺼비가 　　　 를 삼켰어요.

6 엄마가 　　　 를 주문했어요.

24 기본 자음자 ㅎ이 들어간 말

1 빨간색에 까만 점무늬 옷을 입은 무당벌레들이 맛있는 먹이를 먹으러 꽃밭으로 모여들었어요. 그런데 무당벌레들 중에서 ㅎ이 들어간 말이 쓰인 무당벌레는 아직 먹이를 먹지 못했어요. ㅎ이 들어간 말이 쓰인 무당벌레를 모두 찾아서 ○표 하세요.

2 낱말을 소리 내어 읽고, 바르게 따라 쓰세요.

| 하 마 |
| 하 마 |

| 하 모 니 카 |
| 하 모 니 카 |

| 허 리 |
| 허 리 |

| 허 수 아 비 |
| 허 수 아 비 |

| 호 두 |
| 호 두 |

| 호 수 |
| 호 수 |

3 그림에 맞는 낱말을 찾아 선으로 이으세요.

	두	•
	리	•
	마	•
	수	•
	수아비	•

• 하

• 허

• 호

4 불러 주는 문장을 잘 듣고, 빈칸에 들어갈 낱말을 받아쓰세요.

1 ☐☐ 는 입이 커요.

2 ☐☐ 에서 낚시를 해요.

3 ☐☐ 를 굽혀 인사해요.

4 ☐☐ 의 껍데기는 단단해요.

5 ☐☐☐☐ 가 밀짚모자를 썼어요.

6 옥수수로 ☐☐☐☐ 를 불어요.

75

기본 자음자 ㅍ, ㅎ이랑 놀아요

1 그림에 맞는 낱말을 찾아 선으로 잇고, 바르게 따라 쓰세요.

 •

• | 파 | 도 |

 •

• | 포 | 도 |

 •

• | 호 | 두 |

 •

• | 호 | 수 |

 •

• | 파 | 리 |

 •

• | 피 | 자 |

 •

• | 하 | 마 |

 •

• | 허 | 리 |

2 그림의 이름을 찾아 순서대로 색칠하세요.

하	타	파	도	더

피	비	니	아	노

파	하	바	마	미

포	호	수	스	서

3 그림에 맞는 낱말이 되도록 알맞은 글자를 찾아 ○표 하세요.

□수

보 소 오
조 초 코
토 포 호

토 포 호
조 초 코
보 소 오

□두

□수아비

터 퍼 허
저 처 커
버 서 어

비 시 이
지 치 키
티 피 히

□자

4 그림에 맞는 낱말을 찾아 ○표 하세요.

파리
타리

히리
피리

허리
머리

기본 자음자 ㄱ ~ ㅎ으로 재미있게 놀아요

1 아기 고양이가 엄마를 찾고 있어요. 갈림길마다 그림의 이름을 바르게 적어 놓은 길을 따라가 아기 고양이가 엄마 품에 안길 수 있게 해 주세요.

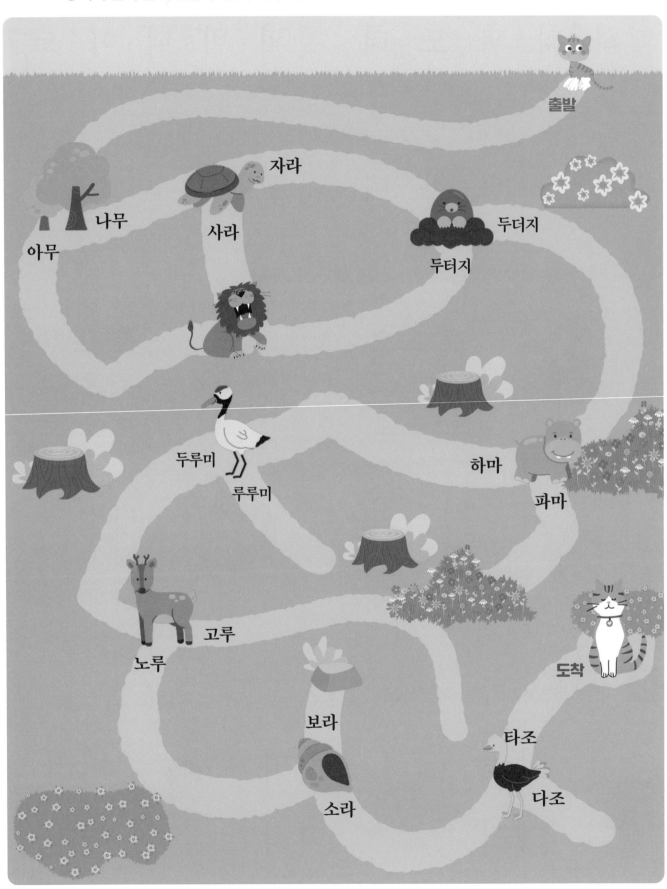

2 오른쪽 그림은 왼쪽 그림을 보고 따라 그린 것인데 어딘가 이상해요. 왼쪽 그림에는 있지만, 오른쪽 그림에서는 사라진 것의 이름을 찾아 ○표 하세요.

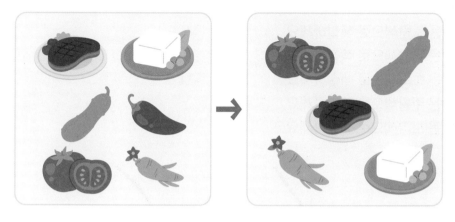

고기 두부
도라지 오이
고추 토마토

다리미 라디오
루비 마스크
주머니 치마

바구니 초 카드
피리 피아노
하모니카

커피 버터
수저 바나나
쿠키 피자

기본 자음자 ㄱ ~ ㅎ으로 재미있게 놀아요

3 어떤 그림이 숨어 있을까요? 낱말이 바르게 적혀 있는 칸을 모두 찾아 아래의 조건에 맞게 색칠하면 그림이 나타나요.

> ㄷ이 들어간 낱말이 있는 칸은 노란색으로 색칠하세요.
> ㅁ이 들어간 낱말이 있는 칸은 빨간색으로 색칠하세요.
> ㅊ이 들어간 낱말이 있는 칸은 초록색으로 색칠하세요.
> ㅍ이 들어간 낱말이 있는 칸은 주황색으로 색칠하세요.
> ㅎ이 들어간 낱말이 있는 칸은 보라색으로 색칠하세요.

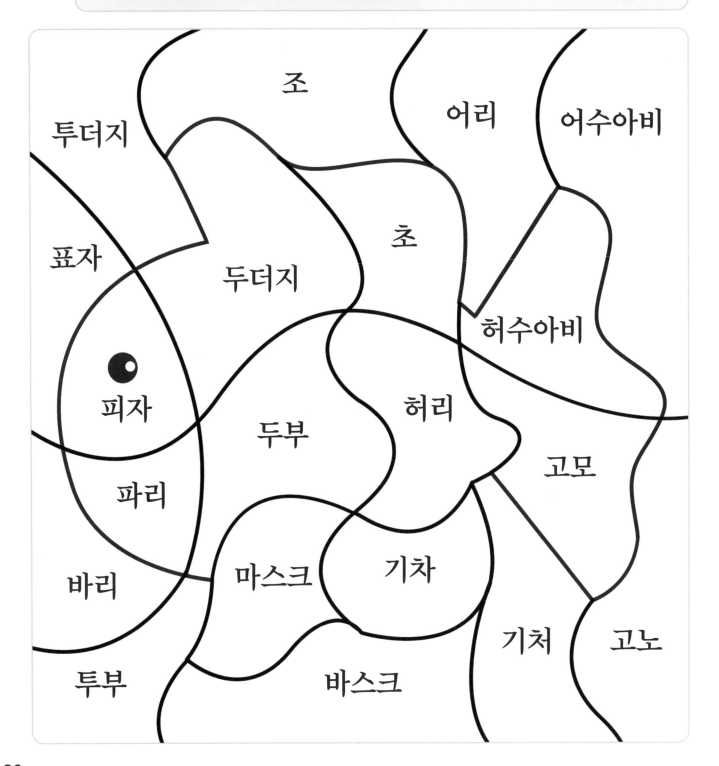

4 앞 낱말의 끝 글자로 시작하는 낱말을 이어서 끝말잇기를 완성하세요.

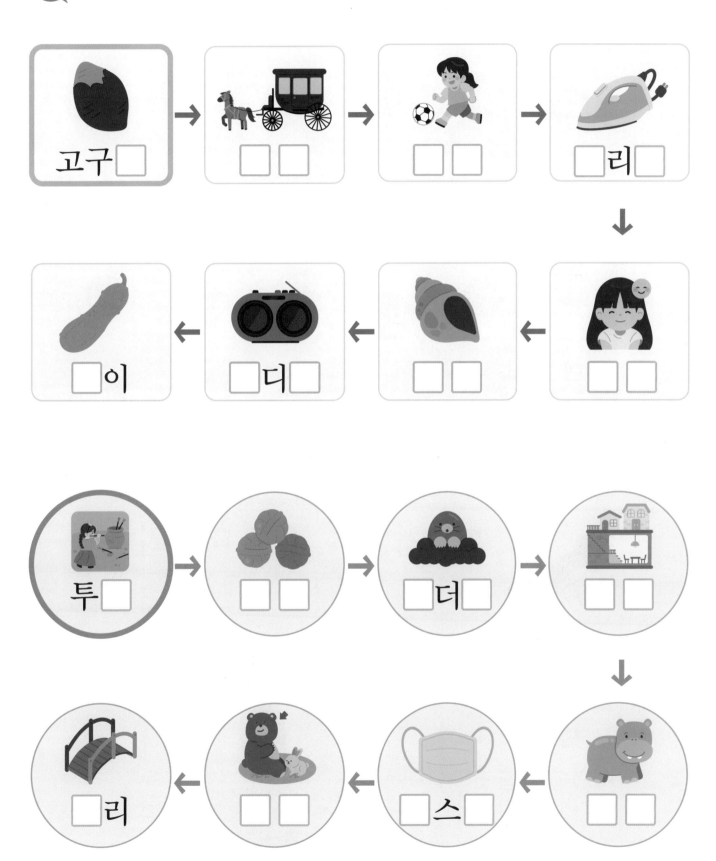

쌍자음 ㄲ, ㄸ, ㅃ 이 들어간 말

1 해바라기들이 해님처럼 밝고 환하게 웃고 있는 꽃밭에 나비와 꿀벌들이 꿀을 따러 왔어요. 달콤한 꿀을 가득 담고 있는 해바라기에는 ㄲ, ㄸ, ㅃ 이 들어간 말이 쓰여 있어요. ㄲ, ㄸ, ㅃ 이 들어간 말이 쓰인 해바라기를 모두 찾아서 ○표 하세요.

2 낱말을 소리 내어 읽고, 바르게 따라 쓰세요.

	까 치
	까 치

	머 리 띠
	머 리 띠

	코 끼 리
	코 끼 리

	아 빠
	아 빠

	뻐 꾸 기
	뻐 꾸 기

	뿌 리
	뿌 리

3 낱말 친해지기 □ 안에 들어갈 글자를 찾아 ✔표 하세요.

아□
빠 바 파

□치
까 카 가

머리□
삐 찌 띠

□꾸기
뻐 퍼 버

코□리
찌 삐 끼

□리
꾸 뿌 뚜

4 낱말 받아쓰기 불러 주는 문장을 잘 듣고, 빈칸에 들어갈 낱말을 받아쓰세요.

1 나뭇가지에 ⬚⬚ 가 앉았어요.

2 언니에게는 ⬚⬚⬚ 가 어울려요.

3 ⬚⬚⬚ 가 알을 낳았어요.

4 ⬚⬚⬚ 는 코가 길어요.

5 소나무의 ⬚⬚ 가 보여요.

6 나는 ⬚⬚ 를 닮았어요.

26 쌍자음 ㅆ, ㅉ이 들어간 말

1 솔솔 향기로운 꽃향기를 맡고 나비와 꿀벌들이 날아왔어요. 알록달록 화려한 색깔을 뽐내는 장미들 중에서 ㅆ, ㅉ이 들어간 말이 쓰인 장미에서는 특별히 더 진한 향기가 나요. ㅆ, ㅉ이 들어간 말이 쓰인 장미를 모두 찾아서 ○표 하세요.

2 낱말을 소리 내어 읽고, 바르게 따라 쓰세요.

| | 쓰 다 |
| | 쓰 다 |

| | 찌 푸 리 다 |
| | 찌 푸 리 다 |

| | 싸 우 다 |
| | 싸 우 다 |

| | 짜 다 |
| | 짜 다 |

| | 아 저 씨 |
| | 아 저 씨 |

|  | 가 짜 |
| | 가 짜 |

84

3 그림에 맞는 낱말을 찾아 선으로 이으세요.

□ 우다 •　　　　　• 싸

아저 □ •　　　　　• 쓰

□ 다 •　　　　　• 씨

□ 푸리다 •　　　　• 짜

□ 다 •　　　　　• 찌

 4 불러 주는 문장을 잘 듣고, 빈칸에 들어갈 낱말을 받아쓰세요.

1 진짜와 □□ 를 구별해요.

2 청군과 백군이 □□□ .

3 또박또박 글씨를 □□ .

4 이웃집 □□□ 께 인사해요.

5 바닷물이 너무 □□ .

6 힘들어서 얼굴을 □□□□ .

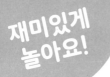

쌍자음 ㄲ, ㄸ, ㅃ, ㅆ, ㅉ 이랑 놀아요

1 그림이 가리키는 낱말을 왼쪽에서 오른쪽(→), 또는 위에서 아래(↓) 방향으로 찾아 ○표 하고, 따라 쓰세요.

가	꼬	코	고	아	저	씨	까
뿌	고	끼	꺼	바	짜	치	뻐
보	뿌	리	퍼	또	따	타	꾸
어	뻐	짜	싸	우	다	도	기
아	파	쓰	써	따	까	가	키
빠	뻐	씨	뽀	머	또	까	치
푸	꾸	찌	푸	리	다	따	쏘
쓰	다	끼	뿌	띠	타	다	쭈

2 그림의 이름을 찾아 순서대로 색칠하세요.

| 아 | 저 | 자 | 씨 | 찌 |

| 버 | 뻐 | 퍼 | 꾸 | 기 |

| 코 | 키 | 끼 | 찌 | 리 |

| 빠 | 짜 | 까 | 지 | 치 |

3 그림에 맞는 낱말이 되도록 알맞은 글자를 찾아 ○표 하세요.

머리 ☐

기	끼	키
디	티	띠
삐	피	비

아 ☐

바	빠	파
짜	자	차
타	다	따

☐푸리다

찌	지	끼
디	티	띠
삐	찌	히

☐리

푸	뿌	부
꾸	구	쿠
두	투	뚜

4 그림에 맞는 낱말을 찾아 ○표 하세요.

끄다

쓰다

싸우다

짜우다

짜다

빠다

쌍자음 ㄲ, ㄸ, ㅃ, ㅆ, ㅉ 이랑 놀아요

5 나무와 잔디가 잘 가꾸어진 미로 정원에 왔어요. 정원의 끝에는 크고 멋진 나무가 한 그루 자라고 있답니다. 갈림길마다 그림의 이름을 바르게 적어 놓은 길을 따라가 나무를 찾아보세요.

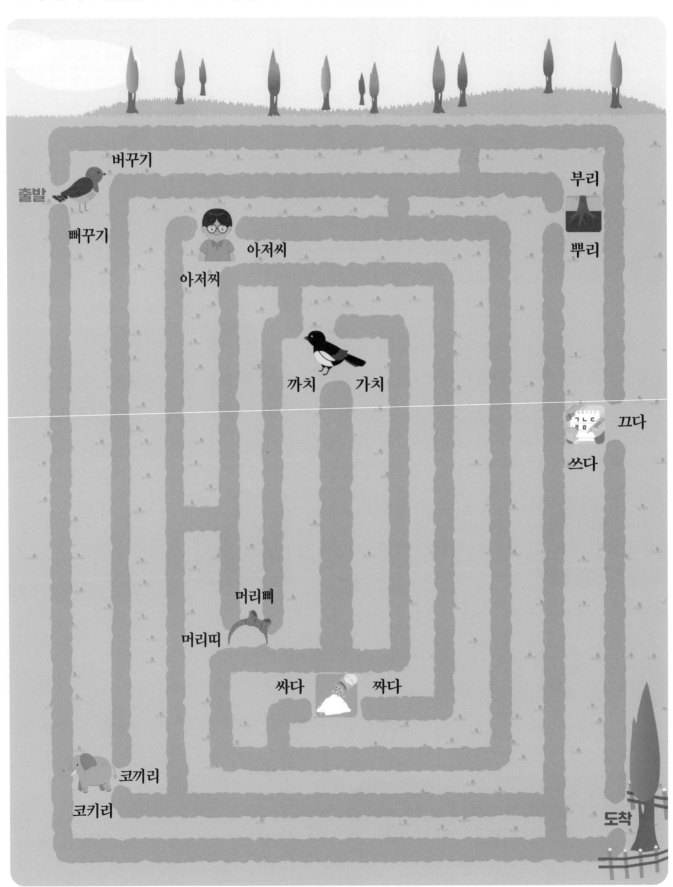

3장

받침이 있는 말
: 받침, 쌍받침, 겹받침

받침 ㄱ이 들어간 말

1 마당에 알록달록 예쁜 꽃들이 활짝 피어났어요. 이 꽃들 중에서 받침 ㄱ이 들어간 말이 쓰인 꽃을 잘라서 꽃병에 꽂아 두려고 해요. 받침 ㄱ이 들어간 말이 쓰인 꽃을 모두 찾아서 ○표 하세요.

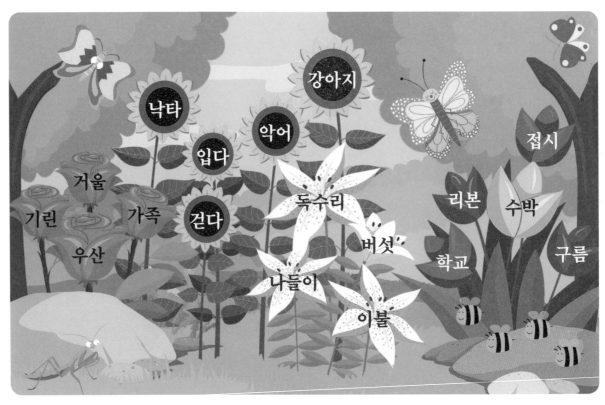

2 낱말을 소리 내어 읽고, 바르게 따라 쓰세요.

③ □ 안에 들어갈 글자를 찾아 ✔ 표 하세요.

가 □
종 족 좀

□ 교
학 함 핫

□ 수리
돕 돗 독

수 □
박 밭 밤

□ 타
난 남 낙

□ 어
안 악 앙

④ 불러 주는 문장을 잘 듣고, 빈칸에 들어갈 낱말을 받아쓰세요.

1 □□□ 에 가면 재미있어요.

2 강아지도 우리 □□ 이에요.

3 □□ 을 반으로 쪼개요.

4 □□ 가 이빨을 닦아요.

5 □□□ 가 하늘을 맴돌아요.

6 □□ 는 사막에서 살아요.

받침 ㄴ이 들어간 말

1 낱말 익히기

무더운 여름날, 소나기가 한바탕 쏟아지고 나니 하늘에는 먹구름이 사라지고 새하얀 구름이 뭉게뭉게 떠다니기 시작했어요. 새하얀 구름들 중에는 받침 ㄴ이 들어간 말을 품고 있는 구름이 있어요. 받침 ㄴ이 들어간 말을 품고 있는 구름을 모두 찾아서 ○표 하세요.

기린   하늘   같다   문어
가족   리본   낮잠
달리기   받다   자전거
우산   마음   돋보기
그릇   반지   장미
수박   접시

2 낱말 따라쓰기

낱말을 소리 내어 읽고, 바르게 따라 쓰세요.

기	린
기	린

리	본
리	본

문	어
문	어

반	지
반	지

우	산
우	산

자	전	거
자	전	거

3 그림에 맞는 낱말을 찾아 선으로 이으세요.

자전거 •

기린 •

리본 •

묵어 •

우살 •

• 우산

• 기림

• 문어

• 자정거

• 리봉

4 불러 주는 문장을 잘 듣고, 빈칸에 들어갈 낱말을 받아쓰세요.

1 ☐☐ 는 다리가 많아요.

2 ☐☐ 으로 바구니를 장식해요.

3 ☐☐ 모양이 예뻐요.

4 비가 와서 ☐☐ 을 썼어요.

5 신나게 ☐☐☐ 를 타요.

6 ☐☐ 은 목이 길어요.

29 받침 ㄷ이 들어간 말

1 시원한 가을바람이 불어와 울긋불긋 물든 나뭇잎들이 땅에 떨어졌어요. 이 중에서 **받침 ㄷ이 들어간 말**이 쓰인 나뭇잎을 주워 예쁘게 말리려고 해요. **받침 ㄷ이 들어간 말**이 쓰인 나뭇잎을 모두 찾아서 ○표 하세요.

2 낱말을 소리 내어 읽고, 바르게 따라 쓰세요.

	걷 다
	걷 다

	듣 다
	듣 다

	받 다
	받 다

	돋 보 기
	돋 보 기

사 랑	받 침
친 구	받 침

	숟 가 락
	숟 가 락

94

3 낱말 친해지기 □ 안에 들어갈 글자를 찾아 ✔ 표 하세요.

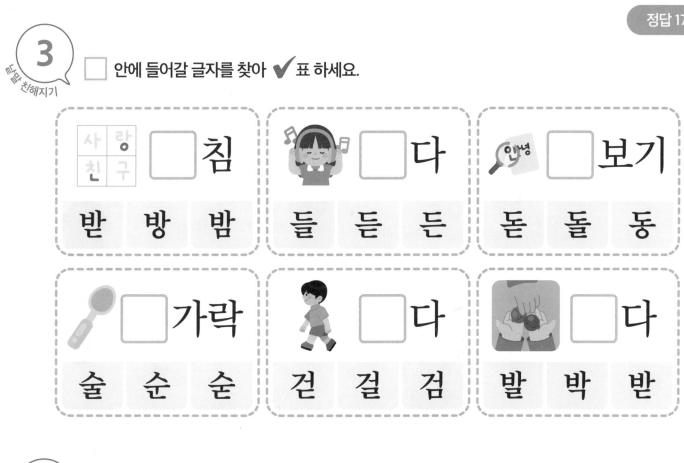

사	랑
친	구

□ 침
받 방 밤

□ 다
들 듣 든

□ 보기
돋 돌 동

□ 가락
술 순 숟

□ 다
걷 걸 검

□ 다
발 박 받

4 낱말 받아쓰기 불러 주는 문장을 잘 듣고, 빈칸에 들어갈 낱말을 받아쓰세요.

1 아기가 맨발로 　　　.

2 내 　　　　은 작아요.

3 '아기'에는 　　　 이 없어요.

4 생일 선물을 　　　.

5 신나는 노래를 　　　.

6 　　　　로 물체를 관찰해요.

30 받침 ㄹ이 들어간 말

1 눈이 하얗게 쌓인 들판에서 눈을 뭉쳐 동그란 눈덩이들을 만들었어요. 이 중에서 받침 ㄹ이 들어간 말이 쓰여 있는 눈덩이들로 눈사람을 만들려고 해요. 받침 ㄹ이 들어간 말이 쓰인 눈덩이를 모두 찾아서 ○표 하세요.

낱말 익히기

숟가락 · 낮잠 · 컵 · 이불 · 놀이터 · 젓가락 · 염소 · 악어 · 지팡이 · 듣다 · 나들이 · 하늘 · 거울 · 자전거 · 학교 · 키읔 · 고양이 · 달리기

2 낱말을 소리 내어 읽고, 바르게 따라 쓰세요.

낱말 따라쓰기

거 울
거 울

나 들 이
나 들 이

이 불
이 불

놀 이 터
놀 이 터

하 늘
하 늘

달 리 기
달 리 기

3 그림에 맞는 낱말을 찾아 선으로 이으세요.

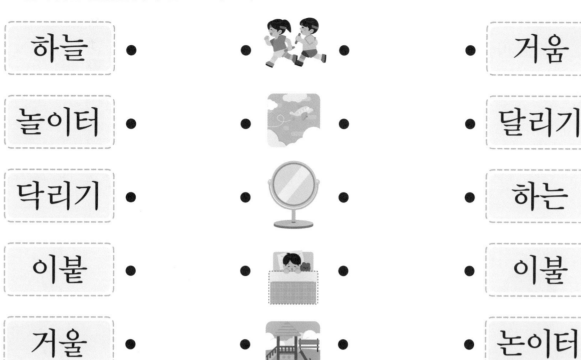

하늘 •   •   • 거움

놀이터 •   •   • 달리기

닥리기 •   •   • 하는

이붙 •   •   • 이불

거울 •   •   • 논이터

4 불러 주는 문장을 잘 듣고, 빈칸에 들어갈 낱말을 받아쓰세요.

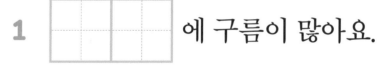

1 ☐☐ 에 구름이 많아요.

2 오리들이 ☐☐☐☐ 를 가요.

3 뽀득뽀득 ☐☐ 을 닦아요.

4 ☐☐☐ 에서 그네를 타요.

5 새 ☐☐ 이 뽀송뽀송해요.

6 말은 ☐☐☐ 를 잘해요.

받침 ㄱ, ㄴ, ㄷ, ㄹ이랑 놀아요

1 낱말을 따라 쓰고, 낱말에 해당하는 그림을 찾아서 ○표 하세요.

독	수	리	기	린	받	침	거	울	학	교
자	전	거	돋	보	기	놀	이	터	수	박

2 그림의 이름을 찾아 순서대로 색칠하세요.

| 악 | 악 | 압 | 어 | 거 |

| 우 | 오 | 살 | 산 | 삭 |

| 격 | 겉 | 걷 | 다 | 타 |

| 달 | 단 | 이 | 리 | 기 |

3 그림에 맞는 낱말이 되도록 알맞은 글자를 찾아 ○표 하세요.

□지

박	반	반
발	밤	밥
밧	방	밭

나□이

득	든	듣
들	듬	듭
듯	등	듲

가□

졸	좀	좁
좃	종	좋
족	존	좉

□가락

술	숨	숩
숙	순	숟
숫	숭	숯

4 그림에 맞는 낱말을 찾아 ○표 하세요.

낙타
난타

들다
듣다

밭다
받다

31 받침 ㅁ이 들어간 말

① 지금 도로는 쌩쌩 달리는 차들로 몹시 붐비고 있어요. 이 차들 중에서 가족을 태우고 즐겁게 나들이를 떠나는 차에는 **받침 ㅁ이** 들어간 말이 쓰여 있어요. **받침 ㅁ이** 들어간 말이 쓰인 자동차를 모두 찾아서 ○표 하세요.

② 낱말을 소리 내어 읽고, 바르게 따라 쓰세요.

③ □ 안에 들어갈 글자를 찾아 ✔ 표 하세요.

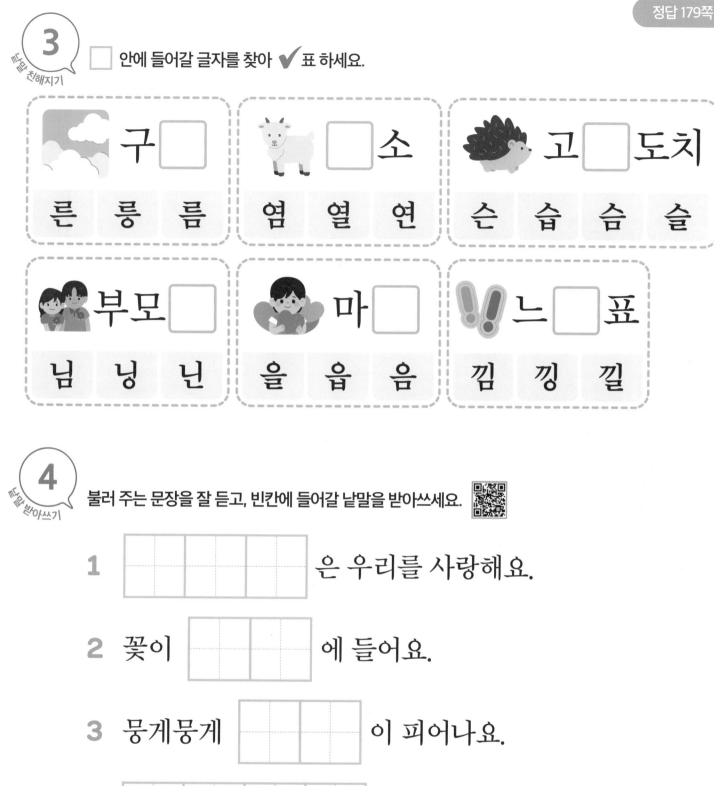

구□
른 릉 름

□소
염 열 연

고□도치
슨 습 슴 슬

부모□
님 닝 닌

마□
을 읍 음

느□표
낌 낑 낄

④ 불러 주는 문장을 잘 듣고, 빈칸에 들어갈 낱말을 받아쓰세요.

1 □□□ 은 우리를 사랑해요.

2 꽃이 □□ 에 들어요.

3 뭉게뭉게 □□ 이 피어나요.

4 □□□□ 의 가시가 뾰족해요.

5 □□ 가 매매 울어요.

6 □□□ 로 놀람을 표시해요.

받침 ㅂ이 들어간 말

1 낱말 익히기

푸른 하늘을 힘차게 날아다니는 비행기들이 한 곳에 모여 있어요. 나란히 세워진 비행기들 중에서 **받침 ㅂ**이 들어간 말이 쓰인 비행기들은 이제 곧 하늘을 향해 출발할 거예요. **받침 ㅂ**이 들어간 말이 쓰인 비행기를 모두 찾아서 ○표 하세요.

2 낱말 따라쓰기

낱말을 소리 내어 읽고, 바르게 따라 쓰세요.

정답 179쪽

3 그림에 맞는 낱말을 찾아 선으로 이으세요.

접시 •		• 컵
입다 •		• 뜨겁다
뜨겂다 •		• 구귶차
구급차 •		• 졉시
컾 •		• 일다

4 불러 주는 문장을 잘 듣고, 빈칸에 들어갈 낱말을 받아쓰세요.

1 ☐ 에 우유를 따라요.

2 큰 ☐ 으로 이사했어요.

3 새 옷을 ☐☐ .

4 ☐☐ 에 음식을 담아요.

5 오늘은 햇볕이 ☐☐☐ .

6 ☐☐☐ 가 빠르게 지나가요.

103

33 받침 ㅅ이 들어간 말

① 바다 위 항구에 커다란 배들이 머물러 있어요. 크기도, 모양도, 하는 일도 저마다 다른 수많은 배들 중에서 받침 ㅅ이 들어간 말이 쓰인 배들은 지금 막 항해를 마치고 돌아온 배예요. 받침 ㅅ이 들어간 말이 쓰인 배를 모두 찾아서 ○표 하세요.

② 낱말을 소리 내어 읽고, 바르게 따라 쓰세요.

빗
빗

옷
옷

그릇
그릇

젓가락
젓가락

버섯
버섯

나뭇가지
나뭇가지

104

③
낱말 친해지기

□ 안에 들어갈 글자를 찾아 ✔표 하세요.

□

옷 옷 온

□

빗 빚 빛

□가락

젓 젇 젔

그□

릇 륫 륵

버□

섣 섯 섭

나□가지

묵 묶 뭇 뭁

④
낱말 받아쓰기

불러 주는 문장을 잘 듣고, 빈칸에 들어갈 낱말을 받아쓰세요.

1 파란색 [ ] 을 입어요.

2 [ ] 을 깨끗이 씻어요.

3 나는 [ ] 볶음을 좋아해요.

4 풍선이 [ ] 에 걸렸어요.

5 [ ] 으로 머리를 빗어요.

6 나는 [ ] 질을 잘해요.

34 받침 ㅇ이 들어간 말

1 깊은 바닷속에서 잠수함들이 떠다니며 바다를 탐험하고 있어요. 이제 곧 탐험을 마치고 물 위로 떠오를 잠수함에는 받침 ㅇ이 들어간 말이 쓰여 있어요. 받침 ㅇ이 들어간 말이 쓰인 잠수함을 모두 찾아서 ○표 하세요.

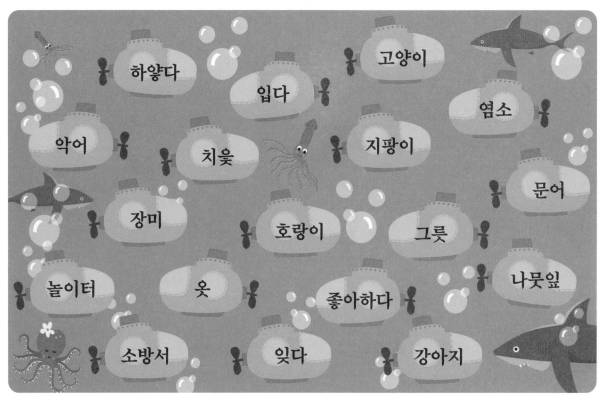

하얗다　고양이　입다　염소　악어　치읓　지팡이　문어　장미　호랑이　그릇　놀이터　옷　나뭇잎　좋아하다　소방서　잊다　강아지

2 낱말을 소리 내어 읽고, 바르게 따라 쓰세요.

장	미
장	미

고	양	이
고	양	이

지	팡	이
지	팡	이

강	아	지
강	아	지

소	방	서
소	방	서

호	랑	이
호	랑	이

106

3 그림에 맞는 낱말을 찾아 선으로 이으세요.

소방서	•		•		•	소박서
고얌이	•		•		•	강아지
호랑이	•		•		•	호람이
감아지	•		•		•	고양이
지팡이	•		•		•	지판이

4 불러 주는 문장을 잘 듣고, 빈칸에 들어갈 낱말을 받아쓰세요.

1 ☐☐☐ 가 낮잠을 자요.

2 ☐☐☐ 가 꼬리를 흔들어요.

3 어떤 ☐☐☐ 가 좋아?

4 ☐☐ 꽃이 활짝 피었어요.

5 삼촌은 ☐☐☐ 에서 일해요.

6 할머니가 ☐☐☐ 를 짚어요.

받침 ㅁ, ㅂ, ㅅ, ㅇ이랑 놀아요

1 그림이 가리키는 낱말을 왼쪽에서 오른쪽(→), 또는 위에서 아래(↓) 방향으로 찾아 ○표 하고, 따라 쓰세요.

고	상	고	습	도	치	나	불
후	앙	양	숨	모	차	맛	부
호	랑	이	가	남	늄	강	모
적	저	후	롱	나	낙	남	님
젓	가	락	못	뭇	고	굽	롬
정	치	랄	하	가	굽	구	름
접	점	강	아	지	곰	급	치
시	잠	갑	앙	자	나	차	처

2 그림의 이름을 찾아 순서대로 색칠하세요.

장	잠	잔	미	마

버	바	섭	섯	섯

입	잎	임	다	도

엽	영	염	소	수

3 그림에 맞는 낱말이 되도록 알맞은 글자를 찾아 ○표 하세요.

느☐표

끽	낀	낍
낄	낌	낍
낏	낑	낏

소☐서

박	반	받
발	밤	밥
밧	방	밫

뜨☐다

걱	건	걷
걸	검	겁
것	겅	겆

그☐

륵	른	른
를	름	릅
륫	릉	룩

4 그림에 맞는 낱말을 찾아 ○표 하세요.

빗	집	옷	콮
빗	짐	옷	컵

받침 ㅈ이 들어간 말

1 낱말 익히기

방 청소를 하고 나면 엄마에게 사탕을 받기로 했어요. 여러 가지 맛이 나는 달콤한 사탕들 중에서 내가 좋아하는 사탕에는 받침 ㅈ이 들어간 말이 쓰여 있어요. 받침 ㅈ이 들어간 말이 쓰인 사탕을 모두 찾아서 ○표 하세요.

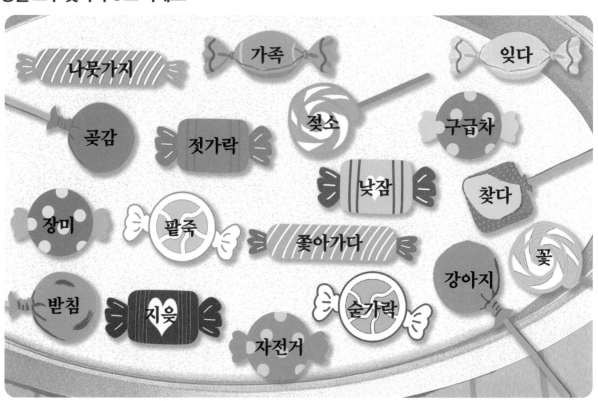

2 낱말 따라쓰기

낱말을 소리 내어 읽고, 바르게 따라 쓰세요.

곳	감		낮	잠
곳	감		낮	잠

잊	다		젖	소
잊	다		젖	소

지	읒		찾	다
지	읒		찾	다

3 낱말 친해지기

☐ 안에 들어갈 글자를 찾아 ✔ 표 하세요.

잇	잊	잊
젓	젖	접
음	읏	웃

곳	곳	곶
찾	찰	찿
낮	낟	낫

4 낱말 받아쓰기

불러 주는 문장을 잘 듣고, 빈칸에 들어갈 낱말을 받아쓰세요.

1 목장에서는 ☐☐ 를 길러요.

2 아기가 ☐☐ 을 자요.

3 감으로 ☐☐ 을 만들어요.

4 '아버지'에는 ☐☐ 이 들어가요.

5 중요한 약속을 ☐☐ .

6 숨겨진 보물을 ☐☐ .

36 받침 ㅊ이 들어간 말

1 놀이터에서 신나게 뛰어놀았더니 너무 더워서 아이스크림을 사 먹으려고 해요. 엄마가 주신 돈으로 살 수 있는 아이스크림에는 받침 ㅊ이 들어간 말이 쓰여 있어요. 받침 ㅊ이 들어간 말이 쓰인 아이스크림을 모두 찾아서 ○표 하세요.

낱말 익히기

2 낱말을 소리 내어 읽고, 바르게 따라 쓰세요.

낱말 따라쓰기

 꽃
꽃

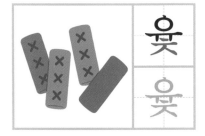 육
육

 꽃 집
꽃 집

 불 꽃
불 꽃

 치 웃
치 웃

 쫓 아 가 다
쫓 아 가 다

112

3 그림에 맞는 낱말을 찾아 선으로 이으세요.

꽃 •

쫓아가다 •

꽃집 •

읒 •

치읒 •

• 꽃집

• 치읒

• 꽃

• 쫓아가다

• 읏

4 불러 주는 문장을 잘 듣고, 빈칸에 들어갈 낱말을 받아쓰세요.

1 ⬚⬚ 이 활짝 피었어요.

2 추석에는 ⬚⬚ 놀이를 해요.

3 '차'에는 ⬚⬚ 이 들어가요.

4 ⬚⬚ 에서 장미꽃을 샀어요.

5 벽난로의 ⬚⬚ 이 타올라요.

6 경찰이 도둑을 ⬚⬚⬚⬚ .

37 받침 ㅋ이 들어간 말

1 친구의 생일 파티에 선물을 사 가려고 컵케이크 가게에 들렀어요. 먹음직스럽고 예쁘게 장식된 컵케이크들 중에서 내가 사고 싶은 컵케이크에는 받침 ㅋ이 들어간 말이 쓰여 있어요. 받침 ㅋ이 들어간 말이 쓰인 컵케이크를 모두 찾아서 ○표 하세요.

걷다　동녘　기린　수박　컵

쫓아가다　앞　솥　느낌표　부엌　불꽃

낱말　파랗다　키읔　독수리　놀이터　입다　놓다

2 낱말을 소리 내어 읽고, 바르게 따라 쓰세요.

동녘
동녘

부엌
부엌

키읔
키읔

114

③ 그림에 맞는 낱말을 찾아 선으로 이으세요.

- 부엌
- 부억
- 부억

- 동녘
- 동녁
- 동녘

- 키윽
- 키읔
- 키윾

④ 불러 주는 문장을 잘 듣고, 빈칸에 들어갈 낱말을 받아쓰세요.

1 '쿠키'에는 ☐☐ 이 들어가요.

2 ☐☐ 에서 식사를 준비해요.

3 해는 ☐☐ 에서 떠요.

115

받침 ㅌ이 들어간 말

1
낱말 익히기

온 가족이 함께 먹으려고 동생과 함께 크리스마스 쿠키를 만들어 트리에 예쁘게 걸어 두었어요.
바삭하게 구워진 쿠키들 중에서 동생이 만든 쿠키에는 받침 ㅌ이 들어간 말이 쓰여 있어요. 받침
ㅌ이 들어간 말이 쓰인 쿠키를 모두 찾아서 ○표 하세요.

2
낱말 따라쓰기

낱말을 소리 내어 읽고, 바르게 따라 쓰세요.

	솥		같	다
	솥		같	다

엄 마	낱	말	맡	다
	낱	말	맡	다

	붙	다	팥	죽
	붙	다	팥	죽

3 낱말 친해지기

☐ 안에 들어갈 글자를 찾아 ✔ 표 하세요.

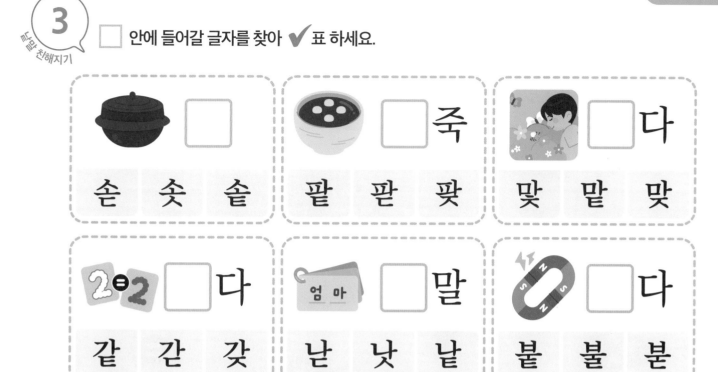

	☐	손	숫	솥
☐ 죽	팥	판	팣
☐ 다	맞	맡	맞

☐ 다	같	간	갖
☐ 말	낟	낫	낱
☐ 다	붙	불	붇

4 낱말 받아쓰기

불러 주는 문장을 잘 듣고, 빈칸에 들어갈 낱말을 받아쓰세요.

1 ☐☐ 에 물을 부어라.

2 동지에는 ☐☐ 을 먹어요.

3 ☐☐ 퍼즐을 맞춰요.

4 못이 자석에 ☐☐ .

5 강아지가 냄새를 ☐☐ .

6 우리는 나이가 ☐☐ .

117

받침 ㅈ, ㅊ, ㅋ, ㅌ 이랑 놀아요

1 낱말을 따라 쓰고, 낱말에 해당하는 그림을 찾아서 ○표 하세요.

낮	잠	꽃	집	부	엌	같	다	곶	감	윷
낱	말	젖	소	쫓	아	가	다	솥	팥	죽

2 그림의 이름을 찾아 순서대로 색칠하세요.

| 잇 | 잊 | 잊 | 다 | 타 |

| 불 | 붙 | 꽂 | 꼿 | 꽃 |

| 독 | 동 | 녘 | 녁 | 녕 |

| 붙 | 붓 | 분 | 다 | 자 |

3 그림에 맞는 낱말이 되도록 알맞은 글자를 찾아 ○표 하세요.

꼭 꼰 꼳
꼴 꼼 꼽
꽃 꽂 꽄

☐

찰 참 찹
찻 창 찾
찿 착 찰

☐다

맡 맒 맣
맙 맛 망
맞 맟 막

☐다

억 언 얻
얼 엌 엊
엇 엉 엋

부☐

4 그림에 맞는 낱말을 찾아 ○표 하세요.

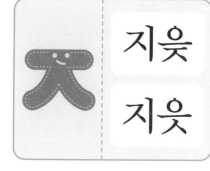

지읒
지읏

치읓
치읗

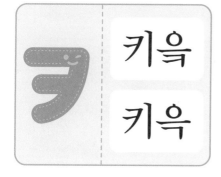

키윽
키읔

39 받침 ㅍ이 들어간 말

1 낱말 익히기

파란 하늘에 알록달록 예쁜 풍선들이 떠 있어요. 이 풍선들 중에서 아기 돼지가 갖고 싶어 하는 풍선에는 받침 ㅍ이 들어간 말이 쓰여 있어요. 받침 ㅍ이 들어간 말이 쓰인 풍선을 모두 찾아서 ○표 하세요.

2 낱말 따라쓰기

낱말을 소리 내어 읽고, 바르게 따라 쓰세요.

앞
앞

옆
옆

숲
숲

무릎
무릎

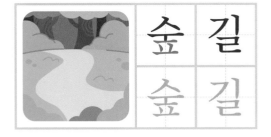

숲길
숲길

나뭇잎
나뭇잎

3 그림에 맞는 낱말을 찾아 선으로 이으세요.

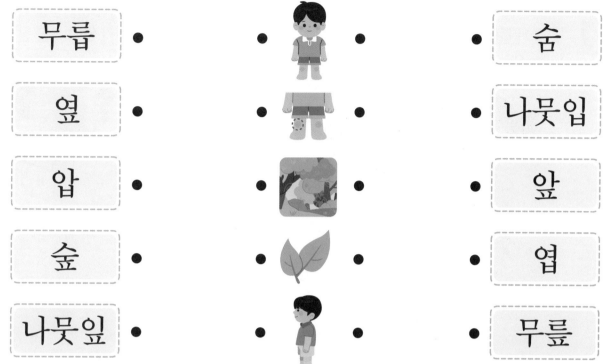

무릎 •	• 숨
옆 •	• 나뭇입
압 •	• 앞
숲 •	• 엽
나뭇잎 •	• 무릎

4 불러 주는 문장을 잘 듣고, 빈칸에 들어갈 낱말을 받아쓰세요.

1 푸른 ⬜⬜ 을 걸어요.

2 아빠 ⬜⬜ 에 앉아요.

3 고개를 ⬜ 으로 돌려요.

4 학교 ⬜ 에서 만나자.

5 ⬜ 에서 뻐꾸기가 울어요.

6 코알라가 ⬜⬜⬜ 을 먹어요.

1 낱말 익히기

장난감 상자에서 내가 좋아하는 것들을 꺼내 보았더니 이렇게 많아요. 이 장난감들 중에서 **받침 ㅎ이 들어간 말**이 쓰인 것들은 동생에게 주려고 해요. **받침 ㅎ이 들어간 말**이 쓰인 장난감을 모두 찾아서 ○표 하세요.

학교 | 낳다 | 우산 | 하늘
혜웅 | 부모님 | 놓다 | 하얗다
고양이 | 악어 | 고슴도치 | 염소
좋아하다 | 옆 | 웋 | 파랗다 | 호랑이

2 낱말 따라 쓰기

낱말을 소리 내어 읽고, 바르게 따라 쓰세요.

	낳다		하얗다
	낳다		하얗다
	놓다		파랗다
	놓다		파랗다
	히읗		좋아하다
	히읗		좋아하다

③ □ 안에 들어갈 글자를 찾아 ✔표 하세요.

히 □   웅 웅 응

□ 다   놓 농 놑

□ 아하다   종 좃 좋 졷

파 □ 다   랗 랑 랕

□ 다   낱 낫 낳

하 □ 다   양 얗 얃

④ 불러 주는 문장을 잘 듣고, 빈칸에 들어갈 낱말을 받아쓰세요.

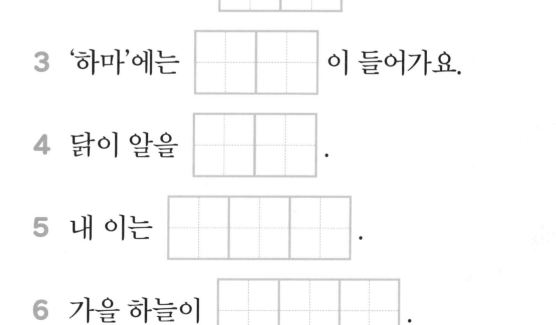

1 ' [   ] '는 영어로 뭐예요?

2 강에 다리를 [   ] .

3 '하마'에는 [   ] 이 들어가요.

4 닭이 알을 [   ] .

5 내 이는 [   ] .

6 가을 하늘이 [   ] .

받침 ㅍ, ㅎ이랑 놀아요

1 그림에 맞는 낱말을 찾아 선으로 잇고, 바르게 따라 쓰세요.

 •

• | 앞 |

 •

• | 낳 | 다 |

 •

• | 파 | 랗 | 다 |

 •

• | 숲 | 길 |

 •

• | 옆 |

 •

• | 놓 | 다 |

 •

• | 무 | 릎 |

 •

• | 하 | 얗 | 다 |

2 그림의 이름을 찾아 순서대로 색칠하세요.

| 나 | 문 | 뭇 | 묫 | 잎 |

| 히 | 피 | 읖 | 읗 | 웃 |

| 하 | 파 | 랕 | 랗 | 다 |

| 무 | 푸 | 릅 | 름 | 릂 |

3 그림에 맞는 낱말이 되도록 알맞은 글자를 찾아 ○표 하세요.

☐길

숩	숫	숭
숮	숯	숙
숱	숲	숡

☐다

낱	낲	낳
납	낫	낭
낮	낯	낙

☐아하다

족	존	졸
좀	좁	종
졷	좂	좋

하☐다

얕	얖	얗
얏	얒	약
얍	얏	양

4 그림에 맞는 낱말을 찾아 ○표 하세요.

| 앞 |
| 압 |

| 옅 |
| 옆 |

| 숩 |
| 숲 |

125

받침 ㄱ ~ ㅎ으로 재미있게 놀아요

1 놀이터에 온 준이는 미끄럼틀을 타고 싶어요. 갈림길마다 그림의 이름을 바르게 적어 놓은 길을 따라가 준이가 미끄럼틀을 신나게 탈 수 있게 해 주세요.

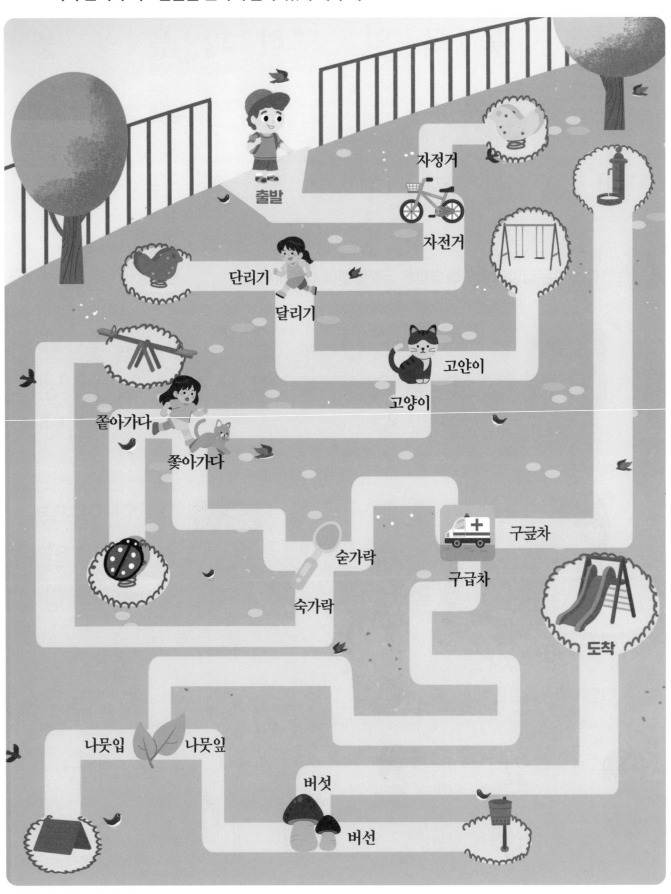

2 오른쪽 그림은 왼쪽 그림을 보고 따라 그린 것인데 어딘가 이상해요. 왼쪽 그림에는 있지만, 오른쪽 그림에서는 사라진 것의 이름을 찾아 ○표 하세요.

고습도치 기린
낙타 독수리
악어 호랑이

그릇 숟가락
접시 젓가락
컵 팥죽

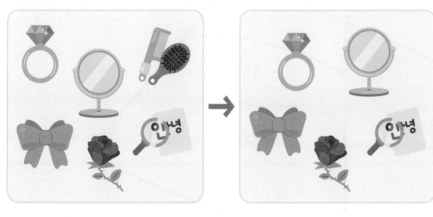

거울 돋보기
리본 반지
빗 장미

곶감 꽃
문어 버섯
수박 우산

127

받침 ㄱ ~ ㅎ으로 재미있게 놀아요

3 어떤 그림이 숨어 있을까요? 낱말이 바르게 적혀 있는 칸을 모두 찾아 아래의 조건에 맞게 색칠하면 그림이 나타나요.

> 받침 ㄱ이 들어간 낱말이 있는 칸은 갈색으로 색칠하세요.
> 받침 ㅂ이 들어간 낱말이 있는 칸은 주황색으로 색칠하세요.
> 받침 ㅇ이 들어간 낱말이 있는 칸은 파란색으로 색칠하세요.
> 받침 ㅈ이 들어간 낱말이 있는 칸은 초록색으로 색칠하세요.
> 받침 ㅍ이 들어간 낱말이 있는 칸은 빨간색으로 색칠하세요.

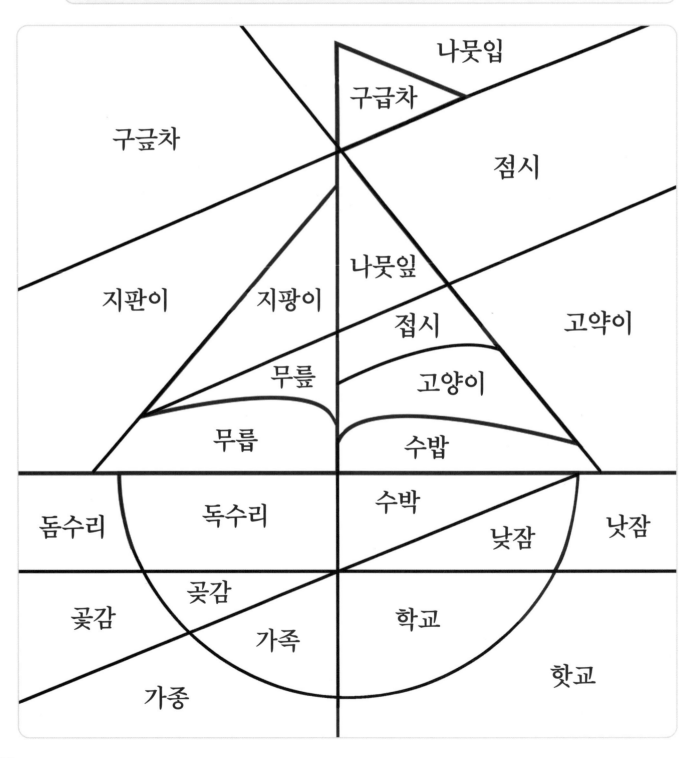

4 앞 낱말의 끝 글자로 시작하는 낱말을 이어서 끝말잇기를 완성하세요.

129

41 쌍받침 ㄲ이 들어간 말

1 친구들과 운동장에서 신나게 공놀이를 하고 났더니 우리 반의 공이 다른 반의 공들과 섞여 버렸어요. 우리 반의 공에는 쌍받침 ㄲ이 들어간 말이 쓰여 있어요. 쌍받침 ㄲ이 들어간 말이 쓰인 공을 모두 찾아서 ○표 하세요.

2 낱말을 소리 내어 읽고, 바르게 따라 쓰세요.

낚	시
낚	시

닦	다
닦	다

묶	다
묶	다

섞	다
섞	다

볶	음	밥
볶	음	밥

3 그림에 맞는 낱말을 찾아 선으로 이으세요.

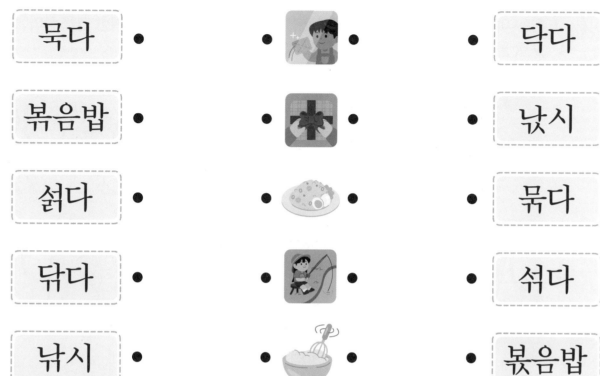

묵다	•	•		•	닥다
볶음밥	•	•		•	낚시
섥다	•	•		•	묶다
닦다	•	•		•	섞다
낚시	•	•		•	볶음밥

4 불러 주는 문장을 잘 듣고, 빈칸에 들어갈 낱말을 받아쓰세요.

1 수건으로 얼굴을 ☐☐ .

2 ☐☐ 로 고기를 잡아요.

3 신발 끈을 ☐☐ .

4 빨간색과 노란색을 ☐☐ .

5 동생은 ☐☐☐ 을 좋아해요.

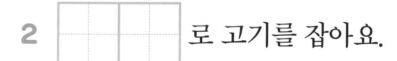

131

쌍받침 ㅆ이 들어간 말

1 연날리기 대회에 참가한 연들이 하늘 높이 날아올랐어요. 그런데 바람이 너무 세서 그만 쌍받침 ㅆ이 들어간 말이 쓰인 우리 팀의 연을 놓치고 말았어요. 알록달록한 연들 사이에서 쌍받침 ㅆ이 들어간 말이 쓰인 연을 모두 찾아서 ○표 하세요.

2 낱말을 소리 내어 읽고, 바르게 따라 쓰세요.

갔	다
갔	다

있	다
있	다

먹	었	다
먹	었	다

샀	다
샀	다

찼	다
찼	다

3 말과 친해지기 ☐ 안에 들어갈 글자를 찾아 ✔표 하세요.

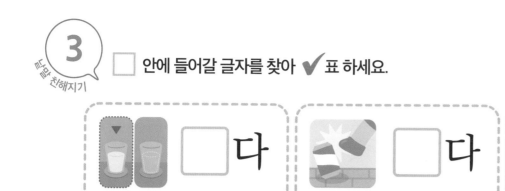

☐다	☐다	☐다
있 잇 잆	찾 찼 찿	갔 같 갓

☐다	먹☐다
싺 삯 샀	없 었 엄

4 말과 받아쓰기 불러 주는 문장을 잘 듣고, 빈칸에 들어갈 낱말을 받아쓰세요.

1 접시에 사과가 ☐☐ .

2 마트에서 장난감을 ☐☐ .

3 누나는 학교에 ☐☐ .

4 공을 발로 ☐☐ .

5 밥을 맛있게 ☐☐☐ .

1 내 동생이 가장 좋아하는 장난감은 빙글빙글 잘 돌아가는 팽이예요. 오늘 놀이터에 가지고 나온 팽이들 중에서 힘차게 잘 돌아가는 팽이에는 **겹받침이 들어간 말**이 쓰여 있어요. **겹받침이 들어간 말**이 쓰인 팽이를 모두 찾아서 ○표 하세요.

2 낱말을 소리 내어 읽고, 바르게 따라 쓰세요.

3 그림에 맞는 낱말을 찾아 선으로 이으세요.

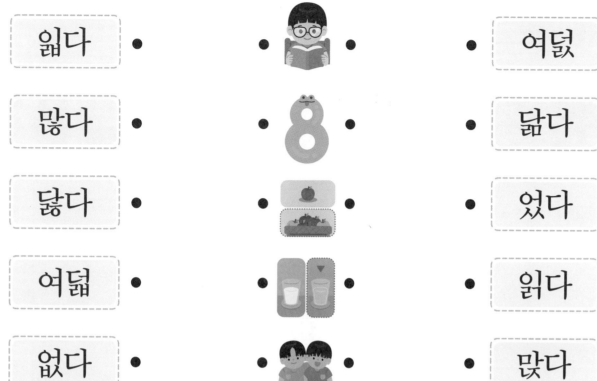

읽다 • • 여덟

많다 • • 닮다

닮다 • • 었다

여덟 • • 읽다

없다 • • 맑다

4 불러 주는 문장을 잘 듣고, 빈칸에 들어갈 낱말을 받아쓰세요.

1 책을 재미있게 ⬜⬜ .

2 여름에는 모기가 ⬜⬜ .

3 아빠와 내가 ⬜⬜ .

4 나는 ⬜⬜ 살이에요.

5 주머니에 아무것도 ⬜⬜ .

쌍받침 ㄲ, ㅆ, 겹받침 ㄶ, ㄺ, ㄻ, ㄼ, ㅄ 이랑 놀아요

1 그림이 가리키는 낱말을 왼쪽에서 오른쪽(→), 또는 위에서 아래(↓) 방향으로 찾아 ○표 하고, 따라
쓰세요.

목	다	따	닭	닸	뽁	볶	끔
묶	묵	많	다	단	금	음	운
다	더	만	도	빵	밤	밥	반
기	고	먹	억	샀	다	창	챘
더	랐	었	좋	삯	따	답	다
덥	얼	다	었	달	닭	따	끝
여	덟	읽	고	따	다	밥	을
덜	굶	밝	갔	다	녁	붉	꼿

2 그림의 이름을 찾아 순서대로 색칠하세요.

| 낚 | 낙 | 낡 | 씨 | 시 |

| 먹 | 엇 | 없 | 었 | 다 |

| 위 | 읽 | 있 | 다 | 따 |

| 닶 | 닭 | 닮 | 따 | 다 |

3 그림에 맞는 낱말이 되도록 알맞은 글자를 찾아 ○표 하세요.

⬜다

섞 선 섭
섰 섞 섦
섧 섨 섮

⬜다

갓 갃 갋
갂 갔 간
갊 값 갖

⬜다

만 맒 맓
맘 맡 많
값 맑 맣

여⬜

뎌 뎠 덞
덖 덟 덯
덜 덥 덦

4 그림에 맞는 낱말을 찾아 ○표 하세요.

있다
잇다

없다
엾다

맑다
많다

쌍받침 ㄲ, ㅆ, 겹받침 ㄶ, ㄺ, ㄻ, ㄼ, ㅄ 이랑 놀아요

5 아기 돼지가 사나운 늑대를 보고 놀라서 도망치다가 집으로 가는 길을 잃고 말았어요. 갈림길마다 그림의 이름을 바르게 적어 놓은 길을 따라가 아기 돼지가 집으로 무사히 돌아갈 수 있게 해 주세요.

4장

복잡한 모음자

44 복잡한 모음자 ㅐ, ㅔ가 들어간 말

1 컵을 정리하려고 꺼내 보았더니 다양한 컵들이 식탁 위에 한가득이에요. 이 중에는 우리 가족이 사용하는 컵과 손님용 컵이 섞여 있는데, 손님용 컵에는 ㅐ, ㅔ가 들어간 말이 쓰여 있어요. ㅐ, ㅔ가 들어간 말이 쓰인 컵을 모두 찾아서 ○표 하세요.

2 낱말을 소리 내어 읽고, 바르게 따라 쓰세요.

3 낱말 친해지기

☐ 안에 들어갈 글자를 찾아 ✔ 표 하세요.

모☐	그☐	☐
래 레 리	내 네 너	사 새 세

☐	☐	☐비
베 바 배	개 게 거	제 재 저

4 낱말 받아쓰기

불러 주는 문장을 잘 듣고, 빈칸에 들어갈 낱말을 받아쓰세요.

1 ☐☐ 는 옆으로 걸어요.

2 ☐☐ 가 나뭇가지에 앉았어요.

3 가을에는 ☐☐ 가 맛있어요.

4 흔들흔들 ☐☐☐ 를 타요.

5 사막에는 ☐☐☐ 가 많아요.

6 ☐☐☐ 가 집을 지어요.

45 복잡한 모음자 ㅐ, ㅖ가 들어간 말

1 마스크가 정리되지 않은 채 책상 위에 마구 흩어져 있어요. 한 번 사용했던 마스크와 새 마스크가 뒤죽박죽 섞여 있는데, 이미 사용해서 버려야 할 마스크에는 ㅐ, ㅖ가 들어간 말이 쓰여 있어요. ㅐ, ㅖ가 들어간 말이 쓰인 마스크를 모두 찾아서 ○표 하세요.

2 낱말을 소리 내어 읽고, 바르게 따라 쓰세요.

142

3 그림에 맞는 낱말을 찾아 선으로 이으세요.

야 •

의 •

단 •

기 •

시 □ •

• 계

• 애

• 예

4 불러 주는 문장을 잘 듣고, 빈칸에 들어갈 낱말을 받아쓰세요.

1 　　　 에서 뛰면 위험해요.

2 친구와 재미있게 　　　 해요.

3 　　　 가 10시를 가리켜요.

4 　　　 , 잘 가거라.

5 　　　 바르게 인사해요.

46 복잡한 모음자 ㅘ, ㅝ가 들어간 말

1 양말의 짝을 맞추어 정리하고 났더니, 짝을 찾지 못한 양말들이 많이 남았어요. 아마 동생의 양말과 섞여 버린 것 같아요. 동생의 양말에는 ㅘ, ㅝ가 들어간 말이 쓰여 있어요. ㅘ, ㅝ가 들어간 말이 쓰인 양말을 모두 찾아서 ○표 하세요.

2 낱말을 소리 내어 읽고, 바르게 따라 쓰세요.

과	자
과	자

병	원
병	원

사	과
사	과

월	요	일
월	요	일

기	와
기	와

태	권	도
태	권	도

144

3 안에 들어갈 글자를 찾아 ✔표 하세요.

사 [　]
가　과　고

기 [　]
와　요　아

[　] 요일
월　얼　율

[　] 자
고　가　과

병 [　]
언　원　운

태 [　] 도
권　건　군

4 불러 주는 문장을 잘 듣고, 빈칸에 들어갈 낱말을 받아쓰세요.

1　[　][　]　껍질을 깎아요.

2　[　][　][　]　실력을 겨루어요.

3　오늘은 즐거운　[　][　][　]　이에요.

4　지붕에　[　][　]　를 얹어요.

5　엄마와　[　][　]　에 가요.

6　[　][　]　는 조금만 먹어요.

145

재미있게 놀아요!

복잡한 모음자 ㅐ, ㅔ, ㅒ, ㅖ, ㅘ, ㅟ랑 놀아요

1 낱말을 따라 쓰고, 낱말에 해당하는 그림을 찾아서 ○표 하세요.

모	래	계	단	과	자	그	네	월	요	일
태	권	도	예	의	제	비	애	기	기	와

2 그림의 이름을 찾아 순서대로 색칠하세요.

게	계	개	단	담

서	사	가	고	과

병	벙	언	원	웬

사	시	개	계	게

3 그림에 맞는 낱말이 되도록 알맞은 글자를 찾아 ○표 하세요.

□ 야

애 에 얘
예 와 워
외 왜 위

모 □

레 롸 뤄
뢰 뢔 뤼
래 레 래

□ 의

애 에 얘
예 와 워
외 왜 위

태 □ 도

관 건 군
괜 권 귄
긴 귄 궨

4 그림에 맞는 낱말을 찾아 ○표 하세요.

개
게

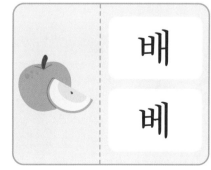

배
베

새
세

47

복잡한 모음자 ㅙ, ㅚ가 들어간 말

1 낱말 익히기

예쁜 모자를 사려고 백화점에 갔는데 종류가 너무 많아 고르기가 어려워요. 나한테 잘 어울릴 것 같은 모자에는 ㅙ, ㅚ가 들어간 말이 쓰여 있어요. ㅙ, ㅚ가 들어간 말이 쓰인 모자를 모두 찾아서 ○표 하세요.

2 낱말 따라쓰기

 낱말을 소리 내어 읽고, 바르게 따라 쓰세요.

| 왜 |
| 왜 |

| 돼 | 지 |
| 돼 | 지 |

| 횃 | 불 |
| 횃 | 불 |

| 열 | 쇠 |
| 열 | 쇠 |

| 참 | 외 |
| 참 | 외 |

| 최 | 고 |
| 최 | 고 |

3 그림에 맞는 낱말을 찾아 선으로 이으세요.

되지	•		•	열쇄
횟불	•		•	쵀고
최고	•		•	참왜
열쇠	•		•	돼지
참외	•		•	횃불

4 불러 주는 문장을 잘 듣고, 빈칸에 들어갈 낱말을 받아쓰세요.

1 동생이 ⬚⬚ 울지?

2 우리 아빠가 ⬚⬚ 예요!

3 ⬚⬚ 는 꼬리가 짧아요.

4 ⬚⬚ 로 문을 잠가요.

5 ⬚⬚ 이 활활 타올라요.

6 여름에는 ⬚⬚ 가 꿀맛이에요.

48

복잡한 모음자 ㅞ, ㅟ가 들어간 말

1 오늘은 눈이 많이 내려서 친구들과 밖에 나가 눈사람을 만들려고 해요. 따뜻한 여러 가지 털장갑들 중에서 우리가 끼고 나갈 장갑에는 ㅞ, ㅟ가 들어간 말이 쓰여 있어요. ㅞ, ㅟ가 들어간 말이 쓰인 장갑을 모두 찾아서 ○표 하세요.

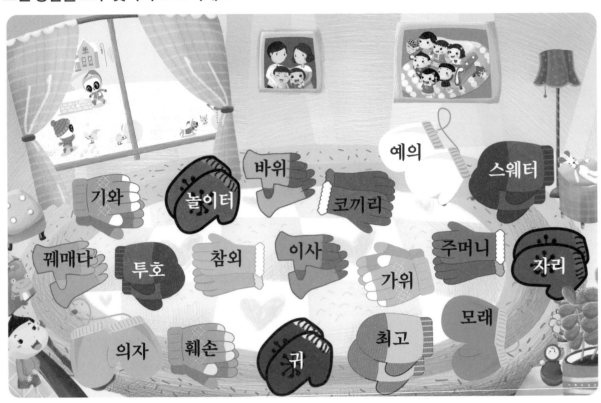

2 낱말을 소리 내어 읽고, 바르게 따라 쓰세요.

③ 친해지기 ☐ 안에 들어갈 글자를 찾아 ✔ 표 하세요.

궤 귀 기	위 웨 외	위 웨 외

휘 훠 훼	위 워 웨	꾀 뀌 꿰

④ 받아쓰기 불러 주는 문장을 잘 듣고, 빈칸에 들어갈 낱말을 받아쓰세요.

1 내 ☐☐ 는 커요.

2 오늘은 ☐☐☐ 를 입었어요.

3 터진 양말을 ☐☐☐ .

4 ☐☐ 에 앉아서 쉬자.

5 ☐☐ 로 종이를 잘라요.

6 자연환경을 ☐☐ 하지 맙시다.

복잡한 모음자 ㅢ가 들어간 말

1 낱말 익히기

조금 전까지 비가 오다가 그쳐서 사용했던 우산들을 펼쳐 말리고 있어요. 다 말라서 이제 접어도 되는 우산에는 ㅢ가 들어간 말이 쓰여 있어요. ㅢ가 들어간 말이 쓰인 우산을 모두 찾아서 ○표 하세요.

2 낱말 따라쓰기

낱말을 소리 내어 읽고, 바르게 따라 쓰세요.

무	늬
무	늬

의	사
의	사

의	자
의	자

152

3 그림에 맞는 낱말을 찾아 선으로 이으세요.

 •

의자

으자

이자

 •

이사

의사

으사

 •

무니

무늬

무느

 4 불러 주는 문장을 잘 듣고, 빈칸에 들어갈 낱말을 받아쓰세요.

1 ☐☐ 에 바르게 앉아요.

2 얼룩말은 ☐☐ 가 있어요.

3 내 꿈은 ☐☐ 예요.

복잡한 모음자 ㅙ, ㅚ, ㅖ, ㅟ, ㅢ랑 놀아요

1 그림에 맞는 낱말을 찾아 선으로 잇고, 바르게 따라 쓰세요.

 •

 •

 •

 •

 •

 •

 •

 •

• 가 위

• 훼 손

• 횃 불

• 돼 지

• 의 자

• 의 사

• 참 외

• 스 웨 터

2 그림의 이름을 찾아 순서대로 색칠하세요.

| 얼 | 열 | 쇠 | 쇄 | 쉐 |

| 햇 | 횟 | 횃 | 불 | 물 |

| 바 | 파 | 위 | 의 | 워 |

| 부 | 무 | 뉘 | 니 | 늬 |

3 그림에 맞는 낱말이 되도록 알맞은 글자를 찾아 ○표 하세요.

애 예 와
워 외 왜
위 웨 의

개 계 과
궈 괴 괘
귀 궤 긔

깨 께 깨
꾀 꽤 꿔
뀌 꿰 끼
□매다

느 니 늬
내 네 냬
녜 뇌 뉘
무□

4 그림에 맞는 낱말을 찾아 ○표 하세요.

쵀고

최고

되지

돼지

훼손

휘손

복잡한 모음자 ㅐ~ㅢ로 재미있게 놀아요

1 햇볕이 쨍쨍 내리쬐는 바닷가 모래밭에서 신나게 뛰어놀다가 선글라스를 잃어버렸어요. 갈림길마다 그림의 이름을 바르게 적어 놓은 길을 따라가 잃어버린 선글라스를 찾게 해 주세요.

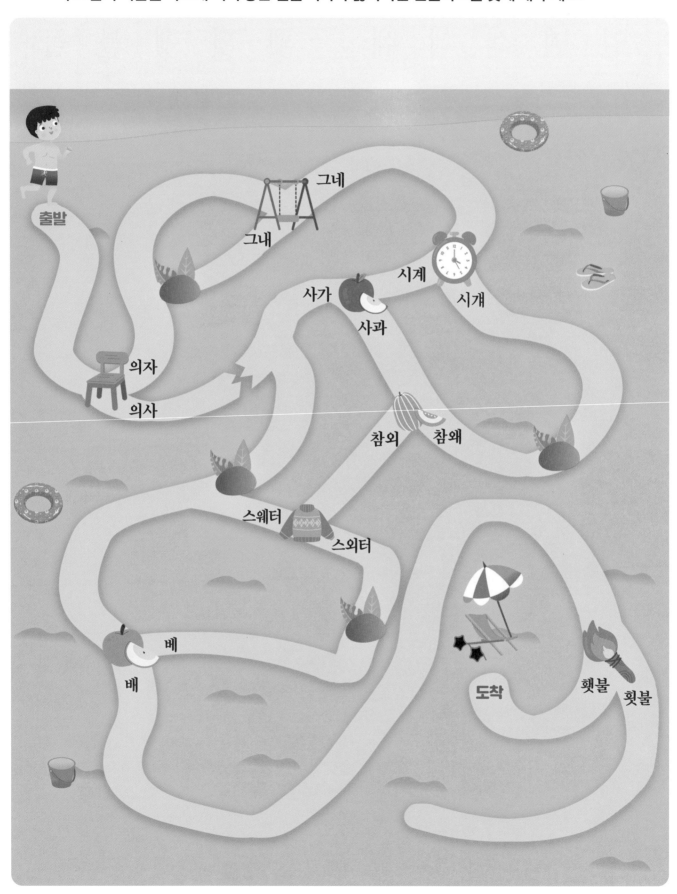

2 오른쪽 그림은 왼쪽 그림을 보고 따라 그린 것인데 어딘가 이상해요. 왼쪽 그림에는 있지만, 오른쪽 그림에서는 사라진 것의 이름을 찾아 ○표 하세요.

게 모래
바위 새
시계 횃불

과자 무늬
배 사과
스웨터 제비

계단 그네
돼지 무늬
병원 월요일

얘기 얘야
예의 의사
태권도 훼손

복잡한 모음자 ㅐ~ㅢ로 재미있게 놀아요

3 어떤 그림이 숨어 있을까요? 낱말이 바르게 적혀 있는 칸을 모두 찾아 아래의 조건에 맞게 색칠하면 그림이 나타나요.

> ㅐ가 들어간 낱말이 있는 칸은 빨간색으로 색칠하세요.
> ㅔ가 들어간 낱말이 있는 칸은 파란색으로 색칠하세요.
> ㅚ가 들어간 낱말이 있는 칸은 노란색으로 색칠하세요.
> ㅞ가 들어간 낱말이 있는 칸은 초록색으로 색칠하세요.
> ㅢ가 들어간 낱말이 있는 칸은 보라색으로 색칠하세요.

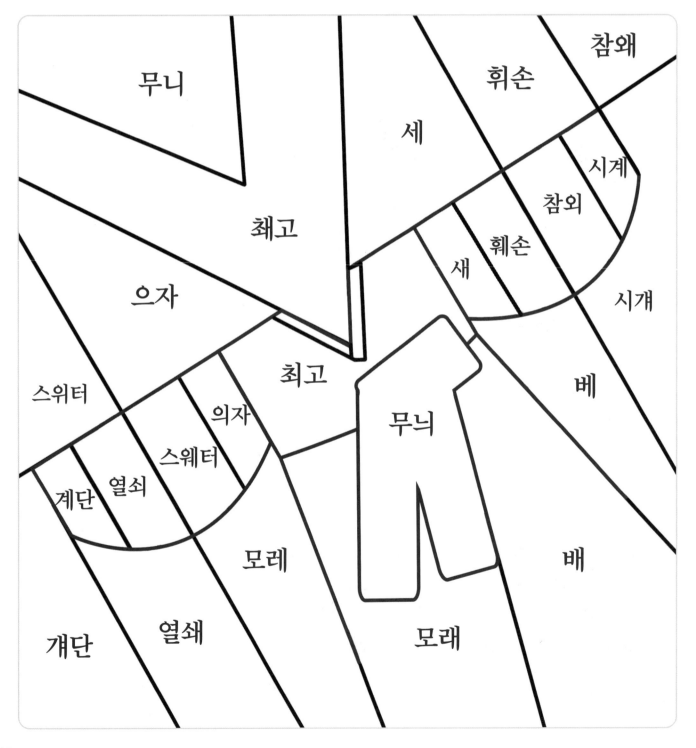

5장

받침이 있는 쌍자음

50 받침이 있는 쌍자음 ㄲ이 들어간 말

1 낱말 익히기

내가 재미있게 읽은 책들 중에서 한 권을 골라 친구들에게 소개하고 싶어요. 우리 집에 있는 책들 중에서 내가 이미 읽은 책에는 받침이 있는 ㄲ이 들어간 말이 쓰여 있어요. 받침이 있는 ㄲ이 들어간 말이 쓰인 책을 모두 찾아서 ○표 하세요.

2 낱말 따라쓰기

낱말을 소리 내어 읽고, 바르게 따라 쓰세요.

고 깔
고 깔

발 꿈 치
발 꿈 치

깜 빡 깜 빡
깜 빡 깜 빡

깡 충 깡 충
깡 충 깡 충

수 도 꼭 지
수 도 꼭 지

연 필 깎 이
연 필 깎 이

정답 183쪽

3 낱말 친해지기

□ 안에 들어갈 글자를 찾아 ✔표 하세요.

고□

깔 빨 딸

연필□이

깍 깎 딱

□충□충

땅 쌍 깡 짱

수도□지

꼭 쪽 뽁

발□치

뜸 뿜 꿈

□빡□빡

쌈 짬 땀 깜

4 낱말 받아쓰기

불러 주는 문장을 잘 듣고, 빈칸에 들어갈 낱말을 받아쓰세요.

1 [   ] 를 들고 걸어요.

2 종이로 [   ] 모자를 만들어요.

3 [   ] 가 잘 돌아가요.

4 동생이 눈을 [   ] 거려요.

5 토끼가 [   ] 뛰어요.

6 [   ] 를 잘 잠가라.

161

51

받침이 있는 쌍자음 ㄸ이 들어간 말

1 낱말 익히기

그림을 그리려고 하는데, 그림을 그릴 때 사용하는 연필과 글씨를 쓸 때 사용하는 연필이 섞여 있지 뭐예요. 그림을 그릴 때 사용하는 연필에는 받침이 있는 ㄸ이 들어간 말이 쓰여 있어요. 받침이 있는 ㄸ이 들어간 말이 쓰인 연필을 모두 찾아서 ○표 하세요.

번쩍　딸기　수도꼭지　낚시　쌩쌩　떡볶이　딱지　떴다　찍다　쑥　뒤뚱뒤뚱　찐빵　받침　묶다　코끼리　발꿈치　빨래　땅콩

2 낱말 따라쓰기

낱말을 소리 내어 읽고, 바르게 따라 쓰세요.

딱 지
딱 지

딸 기
딸 기

땅 콩
땅 콩

떡 볶 이
떡 볶 이

떴 다
떴 다

뒤 뚱 뒤 뚱
뒤 뚱 뒤 뚱

3 그림에 맞는 낱말을 찾아 선으로 이으세요.

뒤뽕뒤뽕 •		•		•	깔기
딸기 •		•		•	딱지
땅콩 •		•		•	떡볶이
짝지 •		•		•	깡콩
썩볶이 •		•		•	뒤뚱뒤뚱

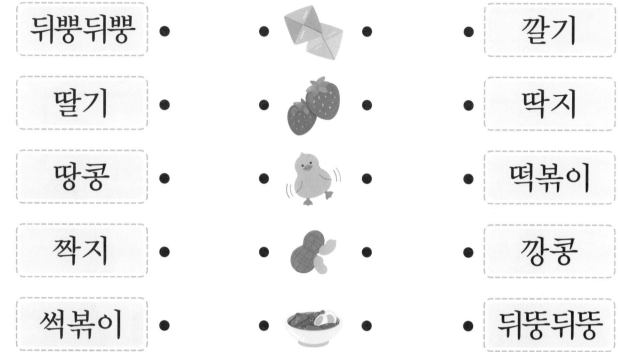

4 불러 주는 문장을 잘 듣고, 빈칸에 들어갈 낱말을 받아쓰세요.

1 ☐☐ 가 빨갛게 익었어요.

2 펭귄이 ☐☐☐☐ 걸어요.

3 ☐☐ 을 깨물면 고소해요.

4 하늘에 보름달이 ☐☐ .

5 나는 ☐☐☐ 를 좋아해요.

6 달력으로 ☐☐ 를 접어요.

52

받침이 있는 쌍자음 ㅃ 이 들어간 말

1 학교에 갈 때에는 장난감이나 위험한 물건을 가지고 가면 안 돼요. 그런데 가방 안에 몰래 장난감을 넣어 온 아이들이 있대요. 장난감이 들어 있는 가방에는 받침이 있는 ㅃ 이 들어간 말이 쓰여 있어요. 받침이 있는 ㅃ 이 들어간 말이 쓰인 가방을 모두 찾아서 ○표 하세요.

2 낱말을 소리 내어 읽고, 바르게 따라 쓰세요.

빨	래
빨	래

손	뼉
손	뼉

짬	뽕
짬	뽕

찐	빵
찐	빵

빨	간	색
빨	간	색

코	뿔	소
코	뿔	소

3 낱말 친해지기 □ 안에 들어갈 글자를 찾아 ✔ 표 하세요.

□래
깔 짤 빨

손□
쩍 뻑 썩

찐□
빵 짱 땅

□간색
빨 깔 딸

코□소
뚤 꿀 뿔

짬□
꽁 뽕 똥

4 낱말 받아쓰기 불러 주는 문장을 잘 듣고, 빈칸에 들어갈 낱말을 받아쓰세요.

1 ☐☐ 을 크게 쳐요.

2 ☐☐ 가 보송보송하게 말랐어요.

3 ☐☐☐☐ 코에는 뿔이 있어요.

4 따끈따끈한 ☐☐ 이 맛있어요.

5 ☐☐ 국물이 매워요.

6 꽃은 ☐☐☐ 으로 색칠해요.

1 똑같은 크기의 네모난 색종이 여러 장으로 팽이를 만들려고 해요. 알록달록 색종이들 중에서 팽이 접기에 사용할 색종이에는 받침이 있는 ㅆ이 들어간 말이 쓰여 있어요. 받침이 있는 ㅆ이 들어간 말이 쓰인 색종이를 모두 찾아서 ○표 하세요.

2 낱말을 소리 내어 읽고, 바르게 따라 쓰세요.

3 그림에 맞는 낱말을 찾아 선으로 이으세요.

썰매	•	• 🌱 •	•	뚝
눈썹	•	• 🌿 •	•	쌩쌩
새짝	•	• 🛷 •	•	눈떹
쑥	•	• 🚗 •	•	새싹
쨍쨍	•	• 🧒 •	•	껄매

4 불러 주는 문장을 잘 듣고, 빈칸에 들어갈 낱말을 받아쓰세요.

1 ☐☐ 으로 떡을 만들어요.

2 얼음판에서 ☐☐ 를 타요.

3 바람이 ☐☐ 불어요.

4 우리 둘은 ☐☐☐ 예요.

5 봄에는 ☐☐ 이 돋아나요.

6 ☐☐ 이 초승달처럼 생겼어요.

167

54 받침이 있는 쌍자음 ㅉ이 들어간 말

미술 시간이 끝나고 친구들의 스케치북을 한 곳에 모아 보니, 벌써 스케치북 한 권을 다 쓴 친구들이 있네요. 마지막 장까지 다 쓴 친구의 스케치북에는 받침이 있는 ㅉ이 들어간 말이 쓰여 있어요. 받침이 있는 ㅉ이 들어간 말이 쓰인 스케치북을 모두 찾아서 ○표 하세요.

찍다	발꿈치	읽다	토끼	번쩍	떴다
딸기	먹었다	쪽지	아빠	짧다	썰매	닭다
쨍쨍	쌍둥이		아저씨	손뼉	짝꿍

 낱말을 소리 내어 읽고, 바르게 따라 쓰세요.

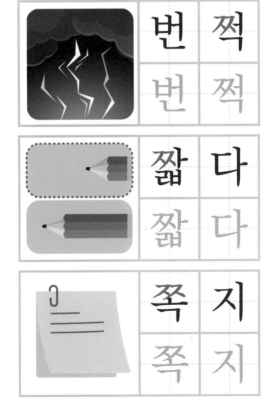

| 번 | 쩍 |
| 번 | 쩍 |

| 짧 | 다 |
| 짧 | 다 |

| 쪽 | 지 |
| 쪽 | 지 |

| 짝 | 꿍 |
| 짝 | 꿍 |

| 쨍 | 쨍 |
| 쨍 | 쨍 |

| 찍 | 다 |
| 찍 | 다 |

168

3 낱말·친해지기   ☐ 안에 들어갈 글자를 찾아 ✔ 표 하세요.

☐궁
싹   깍   짝

☐☐ (같은 글자가 들어가요.)
쨍   쌩   땡

번☐
떡   쩍   쪅

☐다
삑   씩   찍

☐다
뽑   짧   쏨

☐지
쏙   꼭   쪽

4 낱말·받아쓰기   불러 주는 문장을 잘 듣고, 빈칸에 들어갈 낱말을 받아쓰세요.

1   ☐☐ 를 반으로 접어요.

2   햇볕이 ☐☐ 내리쬐어요.

3   준이와 ☐☐ 이 되었어요.

4   손을 ☐☐ 들어요.

5   찰칵찰칵 사진을 ☐☐ .

6   이 바지는 ☐☐ .

받침이 있는 쌍자음 ㄲ, ㄸ, ㅃ, ㅆ, ㅉ 이랑 놀아요

1 그림이 가리키는 낱말을 왼쪽에서 오른쪽(→), 또는 위에서 아래(↓) 방향으로 찾아 ○표 하고, 따라 쓰세요.

깡	강	썰	살	쌀	땅	콩	동
충	종	매	짝	봄	당	공	빵
깡	껑	감	깜	빡	깜	빡	앞
충	총	번	작	다	썰	치	뒤
정	점	쩍	강	짝	꿍	충	뚱
짬	뽕	도	궁	콩	깡	땅	뒤
밤	자	잠	뻔	변	쨍	빡	뚱
상	쌩	쌩	쟁	쌩	쨍	쌩	깜

170

2 그림의 이름을 찾아 순서대로 색칠하세요.

| 고 | 꼬 | 갈 | 깔 | 깖 |

| 떴 | 떳 | 떤 | 다 | 따 |

| 뽑 | 빨 | 발 | 레 | 래 |

| 짤 | 짭 | 짧 | 다 | 따 |

3 그림에 맞는 낱말이 되도록 알맞은 글자를 찾아 ○표 하세요.

발[ ]치

꾼 꿀 꿈
꿉 꿏 꿍
끝 꿇 꿍

떡[ ]이

복 봇 봉
볶 볶 뽁
뽓 뽁 뾲

눈[ ]

껍 겁 떱
텁 섭 뻽
썹 접 쩝

짝[ ]

군 굼 궁
꾼 꿈 꿍
쿤 쿰 쿵

4 그림에 맞는 낱말을 찾아 ○표 하세요.

손뼉 / 솜뼉

찜빵 / 찐빵

연필깎기 / 연필깎이

받침이 있는 쌍자음 ㄲ~ㅉ으로 재미있게 놀아요

1 요트를 타고 정해진 바닷길을 따라 결승선까지 통과해야 해요. 갈림길마다 그림의 이름을 바르게 적어 놓은 길을 따라가 무사히 결승선을 통과할 수 있게 해 주세요.

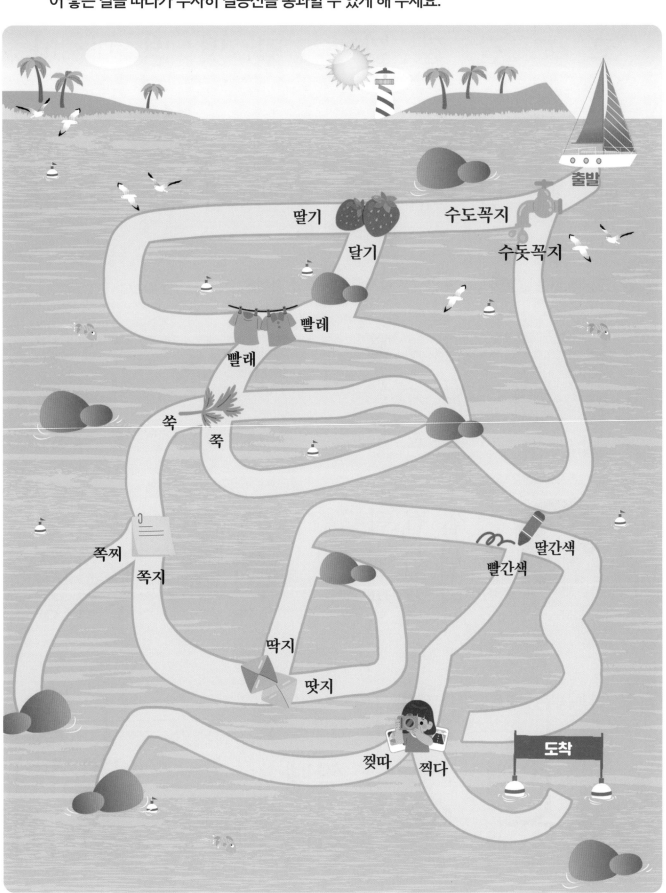

2 어떤 그림이 숨어 있을까요? 낱말이 바르게 적혀 있는 칸을 모두 찾아 아래의 조건에 맞게 색칠하면 그림이 나타나요.

> ㄲ이 들어간 낱말이 있는 칸은 초록색으로 색칠하세요.
> ㄸ이 들어간 낱말이 있는 칸은 하늘색으로 색칠하세요.
> ㅃ이 들어간 낱말이 있는 칸은 노란색으로 색칠하세요.
> ㅆ이 들어간 낱말이 있는 칸은 분홍색으로 색칠하세요.
> ㅉ이 들어간 낱말이 있는 칸은 파란색으로 색칠하세요.

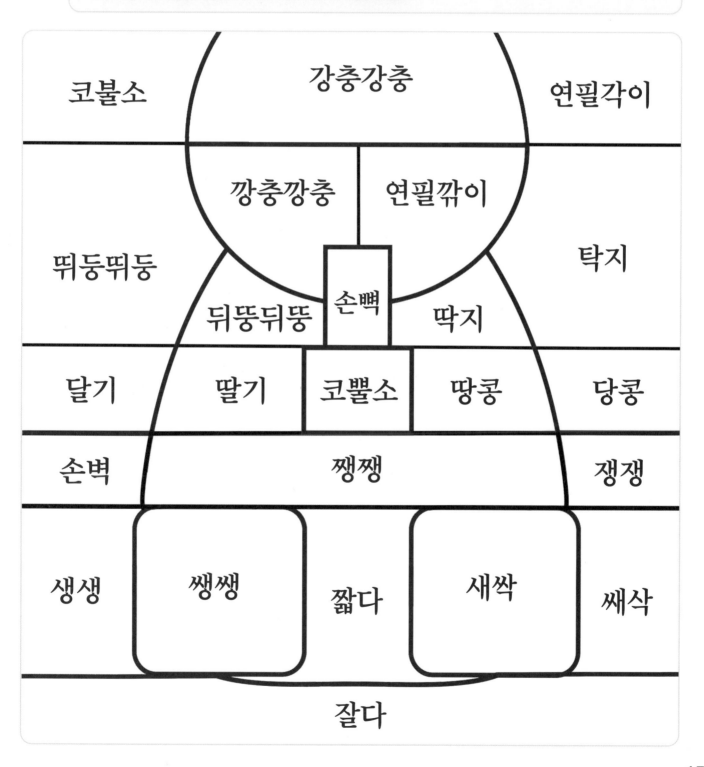

코불소 · 강충강충 · 연필각이
깡충깡충 · 연필깎이
뛰둥뛰둥 · 뒤뚱뒤뚱 · 손뼉 · 딱지 · 탁지
달기 · 딸기 · 코뿔소 · 땅콩 · 당콩
손벽 · 쨍쨍 · 쟁쟁
생생 · 쌩쌩 · 짧다 · 새싹 · 쌔삭
잘다

01 기본 모음자 ㅏ가 들어간 말

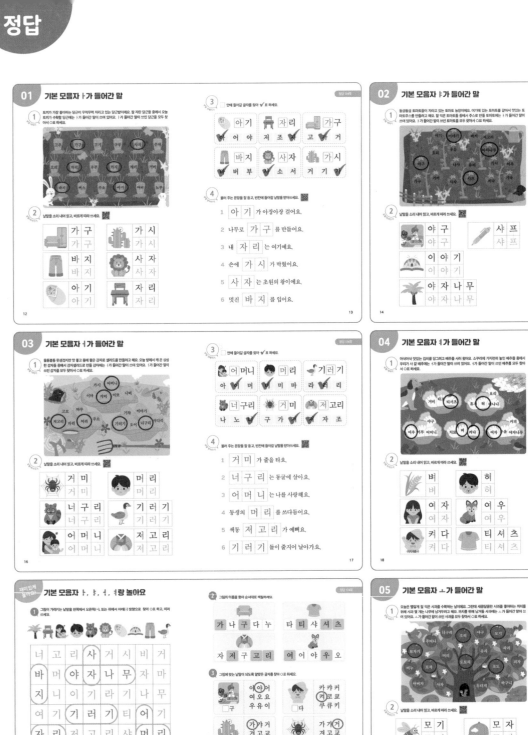

2 낱말을 소리 내어 읽고, 바르게 따라 쓰세요.

가구 / 가시 / 바지 / 사자 / 아기 / 자리

3 □안에 들어갈 글자를 찾아 ✔표 하세요.

아기 · 자리 · 가구
바지 · 사자 · 가시

4 불러 주는 문장을 잘 듣고, 빈칸에 들어갈 낱말을 받아쓰세요.

1 아기 가 아장아장 걸어요.
2 나무로 가구 를 만들어요.
3 내 자리 는 여기예요.
4 손에 가시 가 박혔어요.
5 사자 는 초원의 왕이에요.
6 멋진 바지 를 입어요.

02 기본 모음자 ㅑ가 들어간 말

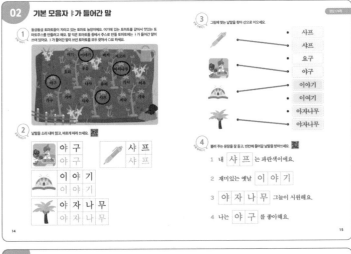

2 낱말을 소리 내어 읽고, 바르게 따라 쓰세요.

야구 / 샤프 / 이야기 / 야자나무

3 그림에 맞는 낱말을 찾아 선으로 이으세요.

샤프 · 샤프 · 요구 · 야구 · 이야기 · 이여기 · 야자나무 · 야자나무

4 불러 주는 문장을 잘 듣고, 빈칸에 들어갈 낱말을 받아쓰세요.

1 내 샤프 는 파란색이에요.
2 재미있는 옛날 이야기
3 야자나무 그늘이 시원해요.
4 나는 야구 를 좋아해요.

03 기본 모음자 ㅓ가 들어간 말

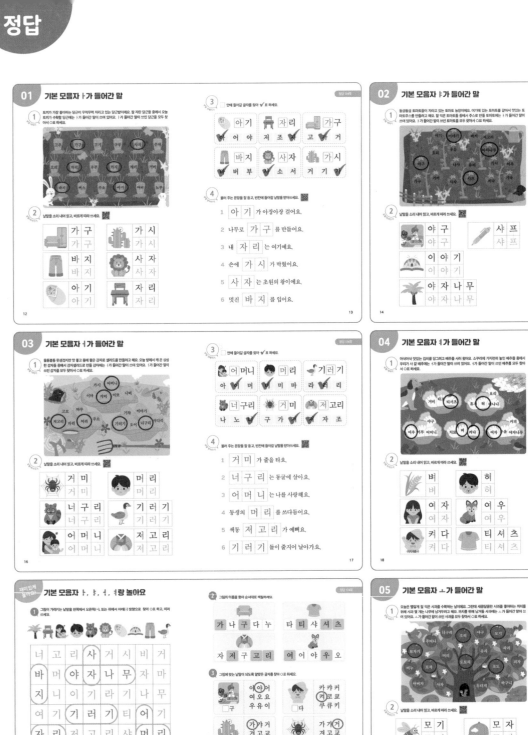

2 낱말을 소리 내어 읽고, 바르게 따라 쓰세요.

거미 / 머리 / 너구리 / 기러기 / 어머니 / 저고리

3 □안에 들어갈 글자를 찾아 ✔표 하세요.

어머니 · 머리 · 기러기
너구리 · 거미 · 저고리

4 불러 주는 문장을 잘 듣고, 빈칸에 들어갈 낱말을 받아쓰세요.

1 거미 가 줄을 타요.
2 너구리 는 동굴에 살아요.
3 어머니 는 나를 사랑해요.
4 동생의 머리 를 쓰다듬어요.
5 색동 저고리 가 예뻐요.
6 기러기 들이 줄지어 날아가요.

04 기본 모음자 ㅕ가 들어간 말

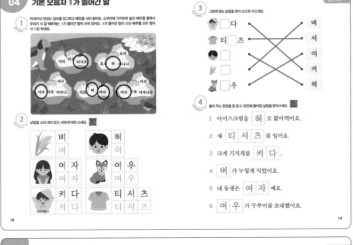

2 낱말을 소리 내어 읽고, 바르게 따라 쓰세요.

벼 / 혀 / 여자 / 여우 / 커다 / 티셔츠

3 그림에 맞는 낱말을 찾아 선으로 이어서 ○표 하세요.

다 · 벼
티 츠 · 서
여
우 · 혀

4 불러 주는 문장을 잘 듣고, 빈칸에 들어갈 낱말을 받아쓰세요.

1 아이스크림을 혀 로 핥아먹어요.
2 새 티셔츠 를 입어요.
3 크게 기지개를 켜 다 .
4 벼 가 누렇게 익었어요.
5 내 동생은 여자 예요.
6 여우 가 두루미를 초대했어요.

재미있게 풀어봐요! 기본 모음자 ㅏ, ㅑ, ㅓ, ㅕ랑 놀아요

1 그림에 해당하는 낱말을 왼쪽에서 오른쪽(→)으로 또는 아래(↓) 방향으로 찾아 ○표 하고, 따라 쓰세요.

너	고	리	샤	거	시	비	거
바	머	야	자	나	무	자	마
지	니	이	기	라	기	나	무
여	기	기	러	기	티	어	기
자	리	저	고	리	샤	머	리
켜	다	너	구	리	초	니	가
요	기	우	여	버	아	머	리
우	러	기	이	야	기	버	지

2 그림의 이름을 찾아 순서대로 색칠하세요.

가 나 구 다 누 / 타 티 샤 서 츠
자 저 구 고 리 / 여 어 야 우 오

3 그림에 맞는 낱말의 뒤쪽을 알맞은 글자를 찾아 ○표 하세요.

이야기 여오요 우유이 → 구
카캬커 커켜코 쿠큐키 → 다
가갸거 겨고교 구규기 → 시
가갸거 겨고교 구규기 → 미

4 그림에 맞는 낱말을 찾아 ○표 하세요.

벼 버 / 여자 어자 / 허 혀

05 기본 모음자 ㅗ가 들어간 말

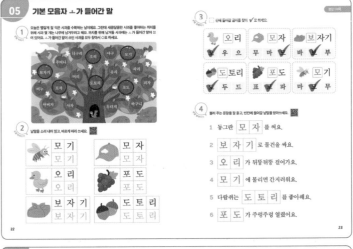

2 낱말을 소리 내어 읽고, 바르게 따라 쓰세요.

모기 / 모자 / 오리 / 포도 / 보자기 / 도토리

3 □안에 들어갈 글자를 찾아 ✔표 하세요.

오리 · 모자 · 보자기
도토리 · 포도 · 모기

4 불러 주는 문장을 잘 듣고, 빈칸에 들어갈 낱말을 받아쓰세요.

1 동그란 모자 를 써요.
2 보자기 로 물건을 싸요.
3 오리 가 뒤뚱뒤뚱 걸어가요.
4 모기 에 물리면 간지러워요.
5 다람쥐는 도토리 를 좋아해요.
6 포도 가 주렁주렁 열렸어요.

06 기본 모음자 ㅛ가 들어간 말

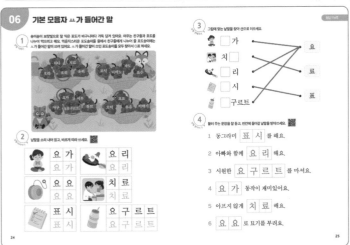

2 낱말을 소리 내어 읽고, 바르게 따라 쓰세요.

요가 / 요리 / 요요 / 치료 / 표시 / 요구르트

3 그림에 맞는 낱말을 찾아 선으로 이으세요.

가 · 요
치 · 료
리 · 표
시 · 표
요구르트 ·

4 불러 주는 문장을 잘 듣고, 빈칸에 들어갈 낱말을 받아쓰세요.

1 동그라미 표시 를 해요.
2 아빠와 함께 요리 해요.
3 시원한 요구르트 를 마셔요.
4 요가 동작이 재미있어요.
5 아프지 않게 치료 해요.
6 요요 로 묘기를 부려요.

07 기본 모음자 ㅜ가 들어간 말

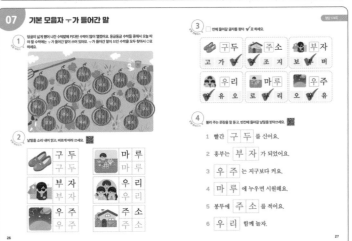

2 낱말을 소리 내어 읽고, 바르게 따라 쓰세요.

구두 / 마루 / 부자 / 우리 / 우주 / 주소

3 □안에 들어갈 글자를 찾아 ✔표 하세요.

구두 · 주소 · 부자
우리 · 마루 · 우주

4 불러 주는 문장을 잘 듣고, 빈칸에 들어갈 낱말을 받아쓰세요.

1 빨간 구두 를 신어요.
2 흥부는 부자 가 되었어요.
3 우주 는 지구보다 커요.
4 마루 에 누우면 시원해요.
5 봉투에 주소 를 적어요.
6 우리 함께 놀자.

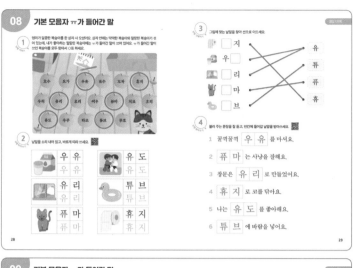

08 기본 모음자 ㅠ가 들어간 말

1 엄마가 달콤한 복숭아를 한 상자 사 오셨어요. 상자 안에는 딱딱한 복숭아도 복숭아가 섞여 있는데, 내가 좋아하는 말랑한 복숭아에는 ㅠ가 들어간 말이 쓰여 있어요. 누가 말이 쓰인 복숭아를 모두 찾아서 ✓표 하세요.

2 낱말을 소리 내어 읽고, 바르게 따라 쓰세요.

우 유	유 도
유 리	튜 브
퓨 마	휴 지

3 그림에 맞는 낱말을 찾아 선으로 이으세요.

☐지 — 유
우☐ — 튜
☐리 — 퓨
☐마 — 휴
☐브

4 불러 주는 문장을 잘 듣고 빈칸에 들어갈 낱말을 받아쓰세요.

1 꿀꺽꿀꺽 우 유 를 마셔요.
2 퓨 마 는 사냥을 잘해요.
3 창문은 유 리 로 만들었어요.
4 휴 지 로 코를 닦아요.
5 나는 유 도 를 좋아해요.
6 튜 브 에 바람을 넣어요.

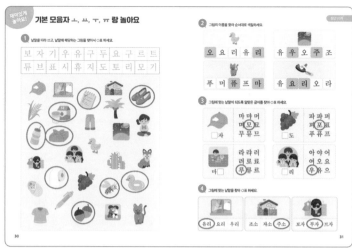

재미있게 놀아요! 기본 모음자 ㅗ, ㅛ, ㅜ, ㅠ 랑 놀아요

1 낱말을 따라 쓰고, 낱말에 해당하는 그림을 찾아 ○으로 하세요.

보 자 기 우 유 구 두 요 구 르 트
튜 브 표 시 휴 지 도 토 리 모 기

2 그림의 이름을 찾아 순서대로 색칠하세요.

오 요 러 유 리 / 유 우 오 주 조
푸 미 퓨 프 마 / 유 요 리 오 라

3 그림에 맞는 낱말이 되도록 알맞은 글자에 ○표 하세요.

마 먀 머 메 미 / 파 퍼 펴
무 므 / 포 표 푸 퓨 프
라 랴 려 료 / 아 야 어 여 오 요
루 류 르 / 우 유 으

4 그림에 맞는 낱말을 찾아 ○표 하세요.

유리 요리 우리 / 조소 소소 주소 / 보자 부자 브자

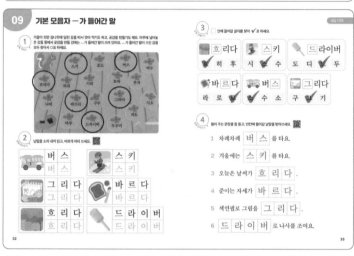

09 기본 모음자 ㅡ가 들어간 말

1 기울이 이면 잠나무에 달린 밤송이 같을 따서 껴야 먹기도 하고, 공깃돌 만들기도 해요. 마야에 넣어놓은 밤들 중에서 ㅡ가 들어간 말이 쓰여 있어요. ㅡ가 들어간 말이 쓰인 같을 모두 찾아서 ○표 하세요.

2 낱말을 소리 내어 읽고, 바르게 따라 쓰세요.

버 스	스 키
그 리 다	바 르 다
흐 리 다	드 라 이 버

3 ☐안에 들어갈 글자를 찾아 ✓표 하세요.

흐리다 / 스키 / 드라이버
허 후 / 시 ✓수 / 도 디 ✓두
✓바르다 / 버스 / 그리다
라 로 / ✓수 소 / 구 ✓기

4 불러 주는 문장을 잘 듣고, 빈칸에 들어갈 낱말을 받아쓰세요.

1 차례차례 버 스 를 타요.
2 겨울에는 스 키 를 타요.
3 오늘은 날씨가 흐 리 다.
4 준이는 자세가 바 르 다.
5 색연필로 그림을 그 리 다.
6 드 라 이 버 로 나사를 조여요.

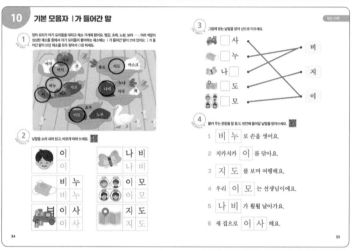

10 기본 모음자 ㅣ가 들어간 말

1 엄마 요리가 아기 모기들을 데리고 채소 가게에 왔어요. 빨강, 초록, 보라… 여러 색깔의 싱싱한 채소를 골라서 아기 모기들이 좋아하는 요리를 만들어요. ㅣ가 들어간 말이 쓰여 있어요. ㅣ가 들어간 말이 쓰인 채소를 모두 찾아서 ○표 하세요.

2 낱말을 소리 내어 읽고, 바르게 따라 쓰세요.

이	나 비
비 누	이 모
이 사	지 도

3 그림에 맞는 낱말을 찾아 선으로 이으세요.

☐사 — 비
☐누 — 지
나☐ — 이
☐도
☐모

4 불러 주는 문장을 잘 듣고, 빈칸에 들어갈 낱말을 받아쓰세요.

1 비 누 로 손을 씻어요.
2 치카치카 이 를 닦아요.
3 지 도 를 보며 여행해요.
4 우리 이 모 는 선생님이에요.
5 나 비 가 훨훨 날아가요.
6 새 집으로 이 사 해요.

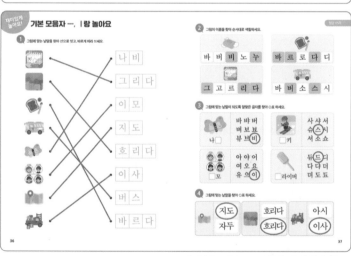

재미있게 놀아요! 기본 모음자 ㅡ, ㅣ 랑 놀아요

1 그림에 맞는 낱말을 찾아 선으로 잇고, 바르게 따라 쓰세요.

나 비
그 리 다
이 모
지 도
흐 리 다
이 사
버 스
바 르 다

2 그림의 이름을 찾아 순서대로 색칠하세요.

바 버 비 노 누 / 바 르 로 다 디
그 고 르 리 다 / 바 버 소 스 시

3 그림에 맞는 낱말이 되도록 알맞은 글자를 찾아 ○표 하세요.

바 뱌 버 벼 보 뵤 / 사 샤 서 슈 스 시 셔 소 쇼
나 뷰 비
아 야 어 여 오 요 유 의 이 / 듀 드 디 다 더 며 됴
☐라이버

4 그림에 맞는 낱말을 찾아 ○표 하세요.

지도 자두 / 흐리다 흐리다 / 아시 이사

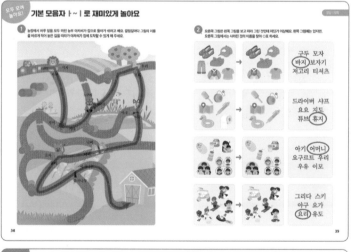

모두 모여 놀아요! 기본 모음자 ㅏ~ㅣ로 재미있게 놀아요

1 농부에서 하루 종일 모두 녹부 아저씨가 집으로 들어가 가려고 해요. 갈림길마다 그림의 이름을 바르게 적은 길을 따라가 집에 도착할 수 있도록 쭉 찍 주세요.

2 오른쪽 그림은 왼쪽 그림을 보고 따라 그린 것인데 어딘가 이상해요. 왼쪽 그림에는 있지만, 오른쪽 그림에서는 사라진 것의 이름을 찾아 ○표 하세요.

구두 모자 바지 보자기 저고리 티셔츠
드라이버 샤프 요요 지도 튜브 휴지
아기 어머니 요구르트 우리 우유 이모
그리다 스키 야구 요가 요리 유도

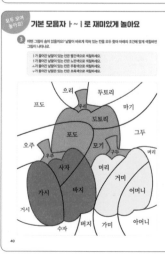

모두 모여 놀아요! 기본 모음자 ㅏ~ㅣ로 재미있게 놀아요

3 어떤 그림이 숨어 있을까요? 낱말을 바르게 적어 있는 칸을 모두 찾아 아래의 조건에 맞게 색칠하면 그림이 나타나요.

- ㅏ가 들어간 낱말이 있는 칸은 빨간색으로 색칠하세요.
- ㅓ가 들어간 낱말이 있는 칸은 노란색으로 색칠하세요.
- ㅗ가 들어간 낱말이 있는 칸은 주황색으로 색칠하세요.
- ㅜ가 들어간 낱말이 있는 칸은 초록색으로 색칠하세요.

으리 두토리 프도 우리 마기 도토리 포도 그두 오주 모기 우주 구두 머리 우자 사자 가시 바지 머리 거미 어머니 보지 가미 아머니

2장

받침이 없는 말
: 기본 자음자, 쌍자음

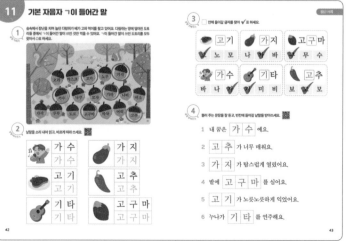

11 기본 자음자 ㄱ이 들어간 말

1 숲속에서 청나루 처녀 놀면 다람쥐가 배가 고파 먹이를 찾고 있어요. 다람쥐는 엄마 말에만 도토리를 준대요. 중에서 ㄱ이 들어간 말이 쓰인 것만 먹을 수 있대요. ㄱ이 들어간 말이 쓰인 도토리를 모두 찾아서 ○표 하세요.

2 낱말을 소리 내어 읽고, 바르게 따라 쓰세요.

가 수	가 지
고 기	고 추
기 타	고 구 마

3 ☐안에 들어갈 글자를 찾아 ✓표 하세요.

고기 / 가지 / 고구마
✓노 모 / 나 ✓바 / 무 수
✓가 수 / 기 타 / 고 추
바 나 / ✓미 비 / 보 ✓모

4 불러 주는 문장을 잘 듣고, 빈칸에 들어갈 낱말을 받아쓰세요.

1 내 꿈은 가 수 예요.
2 고 추 가 너무 매워요.
3 가 지 가 탐스럽게 열렸어요.
4 밭에 고 구 마 를 심어요.
5 고 기 가 노릇노릇 익었어요.
6 누나가 기 타 를 연주해요.

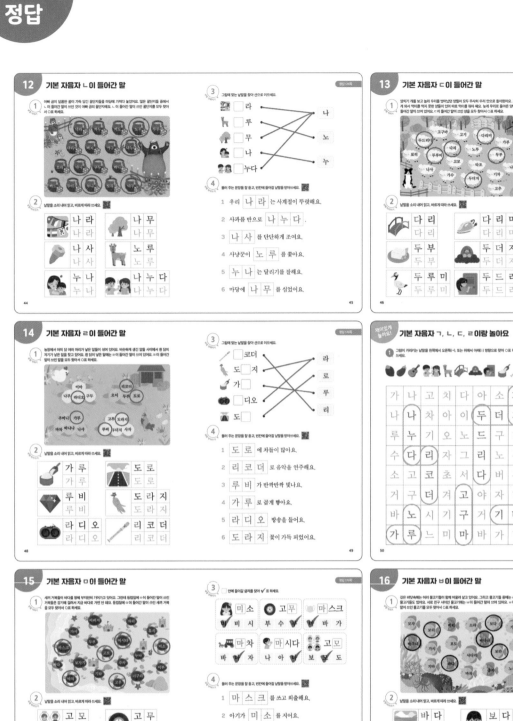

정답

12 기본 자음자 ㄴ이 들어간 말

1 아빠 곰이 달콤한 꿀이 가득 담긴 단지들을 미끄럼 타고서 가져다 놓았어요. 많은 물단지를 들어서 ㄴ이 들어간 말이 쓰인 것이 아빠 곰의 물단지래요. ㄴ이 들어간 말이 쓰인 물단지를 모두 찾아서 O표 하세요.

2 낱말을 소리 내어 읽고, 바르게 따라 쓰세요.

나라	나무
나사	노루
누나	나누다

3 그림에 맞는 낱말을 찾아 선으로 이으세요.

☐라 — 나
☐루 — 노
☐무 — 누
☐나
☐누다

4 들려 주는 문장을 잘 듣고, 빈칸에 들어갈 낱말을 받아쓰세요.

1 우리 나라 는 사계절이 뚜렷해요.
2 사과를 반으로 나누다 .
3 나사 를 단단하게 조여요.
4 사냥꾼이 노루 를 쫓아요.
5 누나 는 달리기를 잘해요.
6 마당에 나무 를 심었어요.

13 기본 자음자 ㄷ이 들어간 말

1

2 낱말을 소리 내어 읽고, 바르게 따라 쓰세요.

다리	다리미
두부	두더지
두루미	두드리다

3 안에 들어갈 글자를 찾아 ✔ 표 하세요.

두루미 / 다리 / 두더지 ✔
무구 / 사마 / 머 ✔ / 거 ✔

두부 / 다리미 / 두드리다
수무 / 가 / 아 / 으 ✔ / 브브

4 들려 주는 문장을 잘 듣고, 빈칸에 들어갈 낱말을 받아쓰세요.

1 무지개 다리 를 건너요.
2 두루미 가 물가에 내려앉았어요.
3 두더지 가 땅굴을 파요.
4 다리미 로 옷을 다려요.
5 콩으로 두부 를 만들어요.
6 방문을 똑똑 두드리다 .

14 기본 자음자 ㄹ이 들어간 말

1 농장에서 아빠 닭과 엄마 닭이 낳은 알들이 어려 있어요. 비슷한 말을 사이에서 ㄹ 들어 지키가 낳은 알들을 찾고 있어요. 흰 닭이 낳은 알에는 ㄹ이 들어간 말이 쓰여 있어요. ㄹ이 들어간 말이 쓰인 알들을 모두 찾아서 O표 하세요.

2 낱말을 소리 내어 읽고, 바르게 따라 쓰세요.

가루	도로
루비	도라지
라디오	리코더

3 그림에 맞는 낱말을 찾아 선으로 이으세요.

☐코더 — 라
도☐지 — 로
☐가 — 루
☐디오 — 리
☐도

4 들려 주는 문장을 잘 듣고, 빈칸에 들어갈 낱말을 받아쓰세요.

1 도로 에 차들이 많아요.
2 리코더 로 음악을 연주해요.
3 루비 가 반짝반짝 빛나요.
4 가루 로 곱게 빻아요.
5 라디오 방송을 들어요.
6 도라지 꽃이 가득 피었어요.

재미있게 놀아요! 기본 자음자 ㄱ, ㄴ, ㄷ, ㄹ이랑 놀아요

1 그림이 가리키는 낱말을 오른쪽 또는 위쪽에서 아래(↓) 방향으로 찾아 O표 하고, 따라 쓰세요.

가	나	고	치	다	아	소	가
나	차	아	이	두	더	지
루	누	기	오	노	드	구	비
수	다	리	자	그	리	노	두
소	고	코	초	서	다	버	부
거	구	더	겨	고	야	자	더
바	노	시	기	구	거	기	타
가	루	느	미	마	바	하	터

2 그림의 이름을 찾아 순서대로 색칠하세요.

| 고 | 가 | 기 | 거 | 구 | 다 | 나 | 부 | 무 | 두 |
| 다 | 나 | 리 | 미 | 비 | 러 | 라 | 디 | 오 | 우 |

3 그림에 맞는 낱말이 되도록 알맞은 글자를 찾아 O표 하세요.

가나 / 라마바 / 사아자 ☐수
사아자 / 가나다 / 라마바 ☐사
구누두 / 루무부 / 수우주 ☐루미
로모보 / 소오조 / 고노도 ☐도

4 그림에 맞는 낱말을 찾아 O표 하세요.

누나 / 나누
고초 / 고추
두부 / 도부

15 기본 자음자 ㅁ이 들어간 말

1 세 마리의 거북들이 함께 부지런히 기어가고 있어요. 그런데 등딱지에 ㅁ이 들어간 말이 쓰인 거북들만 강에 갈려서 지금 바다로 가면 안 돼요. 등딱지에 ㅁ이 들어간 말이 쓰인 세 마리 거북을 모두 찾아서 O표 하세요.

2 낱말을 소리 내어 읽고, 바르게 따라 쓰세요.

고모	고무
마차	미소
마스크	마시다

3 안에 들어갈 글자를 찾아 ✔ 표 하세요.

미소 / 고무 / 마스크 ✔
비시 / 부수 / 바가 ✔

마차 / 마시다 ✔ / 고모
바 ✔ / 나아 / 보 ✔

4 들려 주는 문장을 잘 듣고, 빈칸에 들어갈 낱말을 받아쓰세요.

1 마스크 를 쓰고 외출해요.
2 아기가 미소 를 지어요.
3 우리 고모 는 요리사예요.
4 덜커덕거리며 마차 가 지나가요.
5 고무 는 잘늘어나요.
6 시원한 물을 마시다 .

16 기본 자음자 ㅂ이 들어간 말

1 깊은 바닷속에는 여러 물고기들이 함께 어울려 살고 있어요. 그리고 물고기들이 줄에는 서로 친한 물고기들이 있어요. 서로 친구 사이인 물고기들은 ㅂ이 들어간 말이 쓰여 있어요. ㅂ이 들어간 말이 쓰인 물고기들을 모두 찾아서 O표 하세요.

2 낱말을 소리 내어 읽고, 바르게 따라 쓰세요.

바다	보다
보라	보리
바구니	바나나

3 그림에 맞는 낱말을 찾아 선으로 이으세요.

☐다
☐나나 — 보
☐리
☐구니 — 바
☐다

4 들려 주는 문장을 잘 듣고, 빈칸에 들어갈 낱말을 받아쓰세요.

1 바구니 에 담뿍이 가득해요.
2 보라 색 꽃이 피었어요.
3 여름 바다 로 떠나요.
4 보리 가 누렇게 익어 가요.
5 동생에게 바나나 를 주었어요.
6 파란 하늘을 보다 .

17 기본 자음자 ㅅ이 들어간 말

1 집게발을 가진 게들 게는 앞으로 걷는 다니 해요도 잘 해요. 깊은 물속에 놓고 있는 게를 중에서 특히 ㅅ이 들어간 말이 쓰인 것이 있는 게는 비껴있기 대단하대요. ㅅ이 들어간 말이 쓰인 게를 모두 찾아서 O표 하세요.

2 낱말을 소리 내어 읽고, 바르게 따라 쓰세요.

소라	소리
수저	시소
사다리	소나무

3 안에 들어갈 글자를 찾아 ✔ 표 하세요.

시소 / 소라 / 사다리 ✔
지비 ✔ / 보고 / 바나

소리 / 소나무 / 수저
조 ✔ / 오고 / 주부

4 들려 주는 문장을 잘 듣고, 빈칸에 들어갈 낱말을 받아쓰세요.

1 사다리 가 계단처럼 생겼어요.
2 소라 껍데기를 주웠어요.
3 놀이터에서 시소 를 타요.
4 수저 는 내가 놓을게요.
5 이상한 소리 가 나요.
6 소나무 그늘이 시원해요.

18 기본 자음자 ㅇ이 들어간 말

1 배부른 악어들이 따뜻한 볕에 선 쉬고 있어요. 악어가 입을 쫙 벌리면 입에게가 날아와 악어 이빨을 청소해 준대요. 이 ㅇ이 들어간 말이 쓰인 악어를 모두 찾아서 O표 하세요.

2 낱말을 소리 내어 읽고, 바르게 따라 쓰세요.

아이	어부
오이	이마
아버지	아파트

3 그림에 맞는 낱말을 찾아 선으로 이으세요.

☐버지 — 아
☐부 — 어
☐파트 — 오
☐마 — 이
☐이

4 들려 주는 문장을 잘 듣고, 빈칸에 들어갈 낱말을 받아쓰세요.

1 아삭아삭 오이 가 맛있어요.
2 이마 에서 땀이 흘러요.
3 어부 가 그물을 당겨요.
4 나는 아버지 를 닮았어요.
5 우리 집은 아파트 예요.
6 아이 들이 모여서 놀아요.

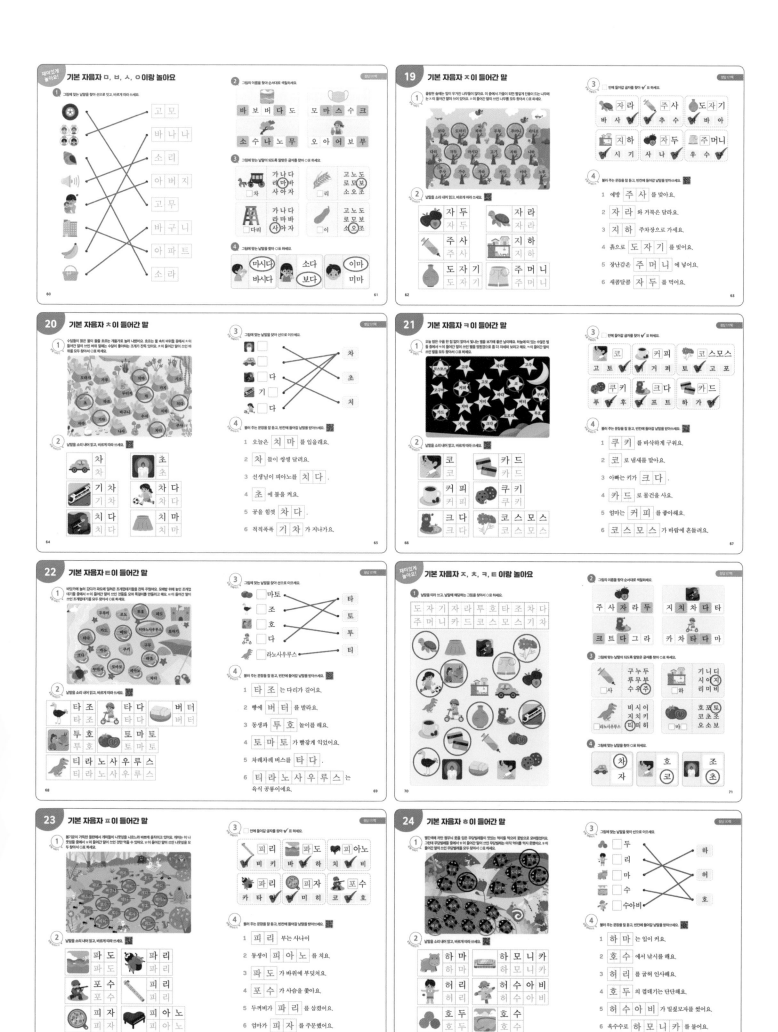

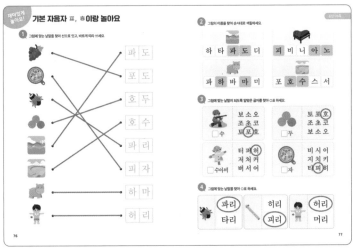

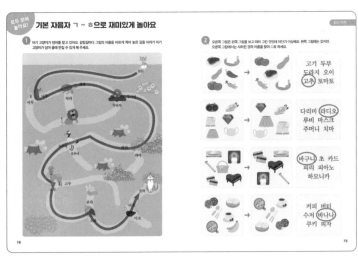

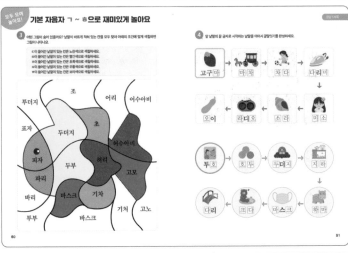

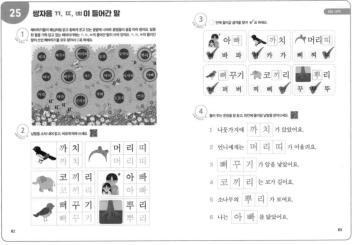

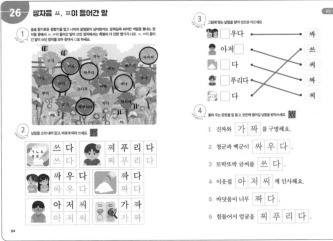

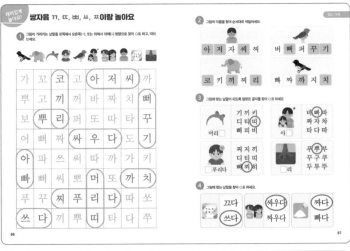

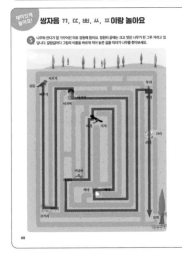

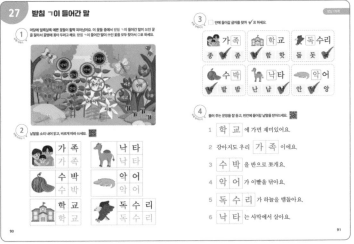

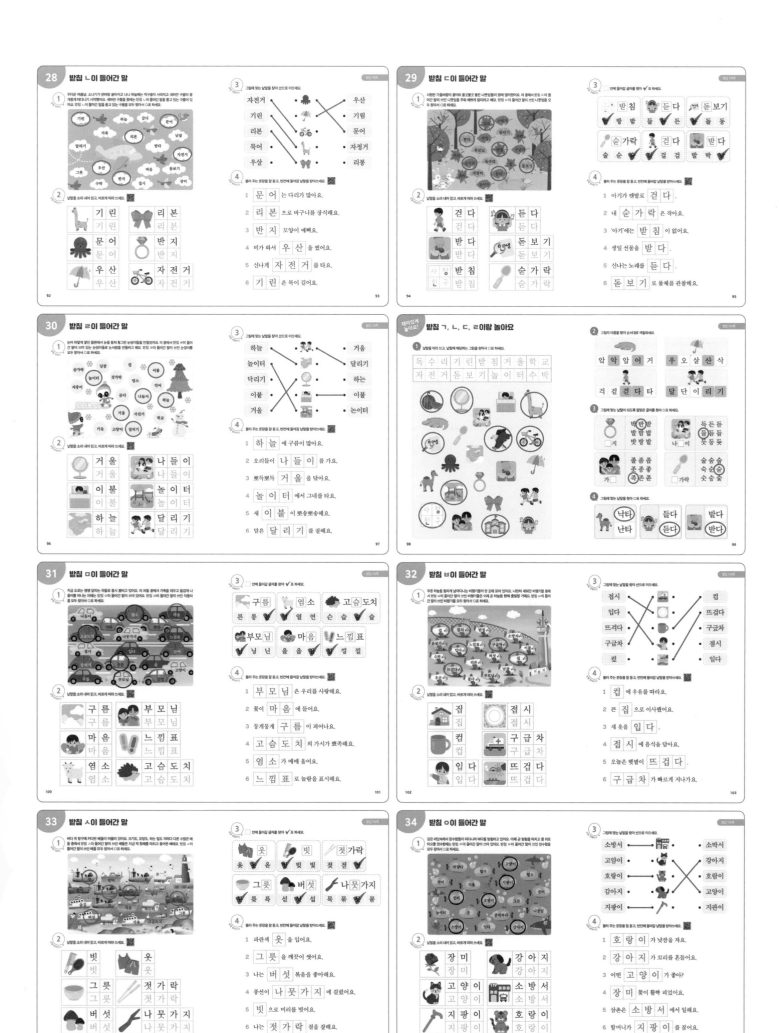

28 받침 ㄴ이 들어간 말

1 문어 는 다리가 많아요.
2 리본 으로 바구니를 장식해요.
3 반지 모양이 예뻐요.
4 비가 와서 우산 을 썼어요.
5 신나게 자전거 를 타요.
6 기린 은 목이 길어요.

29 받침 ㄷ이 들어간 말

1 아기가 뒤뚱뒤뚱 걷 다.
2 내 숟 가락 은 작아요.
3 '아기'에는 받 침 이 없어요.
4 생일 선물을 받 다.
5 신나는 노래를 듣 다.
6 돋 보 기 로 물체를 관찰해요.

30 받침 ㄹ이 들어간 말

1 하늘 에 구름이 많아요.
2 오리들이 나 들 이 를 가요.
3 뽀득뽀득 거 울 을 닦아요.
4 놀 이 터 에서 그네를 타요.
5 새 이 불 이 뽀송뽀송해요.
6 말은 달 리 기 를 잘해요.

재미있게 놀아요! 받침 ㄱ, ㄴ, ㄷ, ㄹ이랑 놀아요

31 받침 ㅁ이 들어간 말

1 부 모 님 은 우리를 사랑해요.
2 꽃이 마 음 에 들어요.
3 뭉게뭉게 구 름 이 피어나요.
4 고 슴 도 치 의 가시가 뾰족해요.
5 염 소 가 매매 울어요.
6 느 낌 표 로 놀람을 표시해요.

32 받침 ㅂ이 들어간 말

1 컵 에 우유를 따라요.
2 큰 집 으로 이사했어요.
3 새 옷을 입 다.
4 접 시 에 음식을 담아요.
5 오늘은 햇볕이 뜨 겁 다.
6 구 급 차 가 빠르게 지나가요.

33 받침 ㅅ이 들어간 말

1 파란색 옷 을 입어요.
2 그 릇 을 깨끗이 씻어요.
3 나는 버 섯 볶음을 좋아해요.
4 풍선이 나 뭇 가 지 에 걸렸어요.
5 빗 으로 머리를 빗어요.
6 나는 젓 가락 질을 잘해요.

34 받침 ㅇ이 들어간 말

1 호 랑 이 가 낮잠을 자요.
2 강 아 지 가 꼬리를 흔들어요.
3 어떤 고 양 이 가 좋아?
4 장 미 꽃이 활짝 피었어요.
5 삼촌은 소 방 서 에서 일해요.
6 할머니가 지 팡 이 를 짚어요.

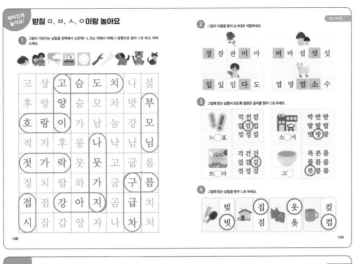

재미있게 놀아요! 받침 ㅁ, ㅂ, ㅅ, ㅇ이랑 놀아요

35 받침 ㅈ이 들어간 말

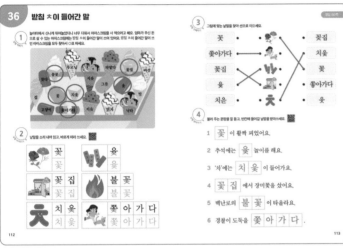

36 받침 ㅊ이 들어간 말

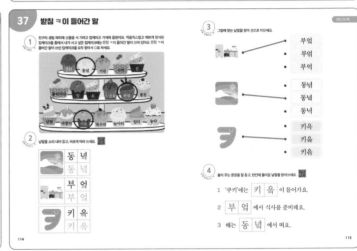

37 받침 ㅋ이 들어간 말

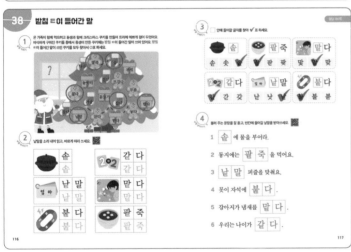

38 받침 ㅌ이 들어간 말

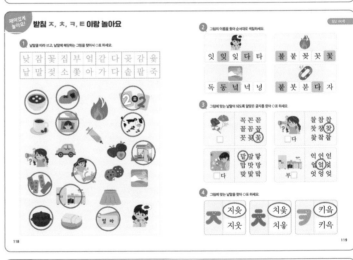

재미있게 놀아요! 받침 ㅈ, ㅊ, ㅋ, ㅌ이랑 놀아요

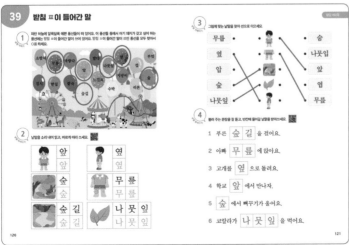

39 받침 ㅍ이 들어간 말

40 받침 ㅎ이 들어간 말

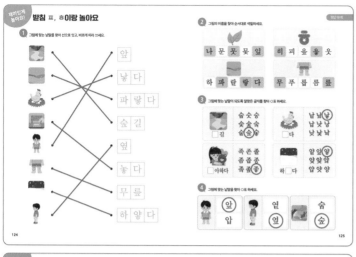

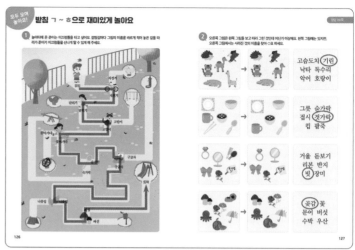

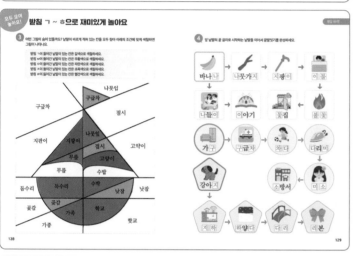

41 쌍받침 ㄲ이 들어간 말

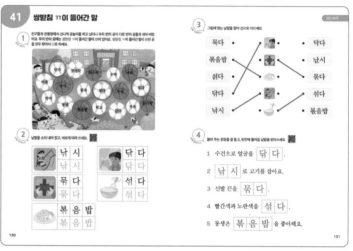

42 쌍받침 ㅆ이 들어간 말

43 겹받침 ㄶ, ㄺ, ㄻ, ㄼ, ㅄ이 들어간 말

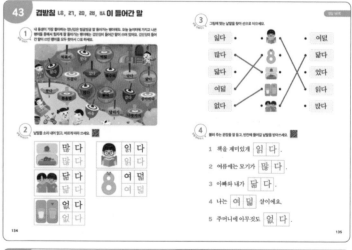

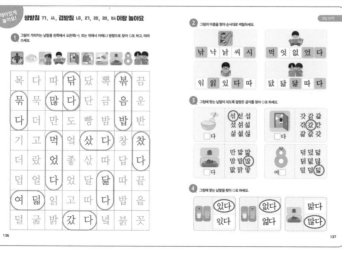

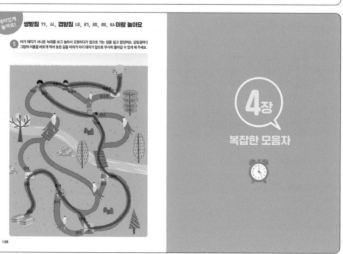

4장
복잡한 모음자

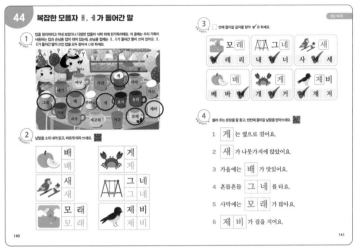

44 복잡한 모음자 ㅐ, ㅔ가 들어간 말

③ □안에 들어갈 글자를 찾아 ✔표 하세요.

모래 / 그네 / 새
배 / 게 / 제비

④ 들려 주는 문장을 듣고, 빈칸에 들어갈 낱말을 받아쓰세요.

1 게 는 옆으로 걸어요.
2 새 가 나뭇가지에 앉았어요.
3 가을에는 배 가 맛있어요.
4 흔들흔들 그 네 를 타요.
5 사막에는 모 래 가 많아요.
6 제 비 가 집을 지어요.

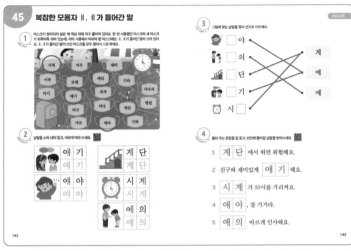

45 복잡한 모음자 ㅐ, ㅔ가 들어간 말

③ 그림에 맞는 낱말을 찾아 선으로 이으세요.

④ 들려 주는 문장을 듣고, 빈칸에 들어갈 낱말을 받아쓰세요.

1 계 단 에서 뛰면 위험해요.
2 친구와 재미있게 얘 기 해요.
3 시 계 가 10시를 가리켜요.
4 얘 야 , 잘 가거라.
5 예 의 바르게 인사해요.

46 복잡한 모음자 ㅘ, ㅝ가 들어간 말

③ □안에 들어갈 글자를 찾아 ✔표 하세요.

사과 / 기와 / 월요일
과자 / 병원 / 태권도

④ 들려 주는 문장을 듣고, 빈칸에 들어갈 낱말을 받아쓰세요.

1 사 과 껍질을 깎아요.
2 태 권 도 실력을 겨루어요.
3 오늘은 즐거운 월 요 일 이에요.
4 지붕에 기 와 를 얹어요.
5 엄마와 병 원 에 가요.
6 과 자 는 조금만 먹어요.

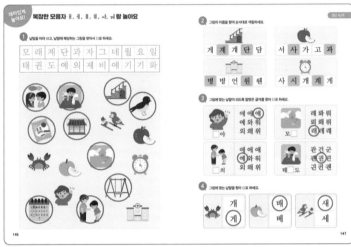

재미있게 놀아요! 복잡한 모음자 ㅐ, ㅔ, ㅒ, ㅖ, ㅘ, ㅝ랑 놀아요

① 낱말을 따라 쓰고, 낱말에 해당하는 그림을 찾아서 ○표 하세요.

모래계단의자그네월요일
태권도예의제비애기기와

② 그림의 이름을 찾아 순서대로 색칠하세요.

게 계 개 단 담
서 사 가 고 과
병 방 언 원 웬
사 시 개 게 계

③ 그림에 맞는 낱말이 되도록 알맞은 글자를 찾아 ○표 하세요.

④ 그림에 맞는 낱말을 찾아 ○표 하세요.

개 / 배 / 새

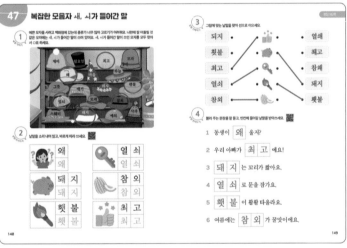

47 복잡한 모음자 ㅙ, ㅚ가 들어간 말

③ 그림에 맞는 낱말을 찾아 선으로 이으세요.

되지 · · 열쇠
횃불 · · 최고
최고 · · 참외
열쇠 · · 돼지
참외 · · 횃불

④ 들려 주는 문장을 듣고, 빈칸에 들어갈 낱말을 받아쓰세요.

1 동생이 왜 울지?
2 우리 아빠가 최 고 예요!
3 돼 지 는 꼬리가 짧아요.
4 열 쇠 로 문을 잠가요.
5 횃 불 이 활활 타올라요.
6 여름에는 참 외 가 꿀맛이에요.

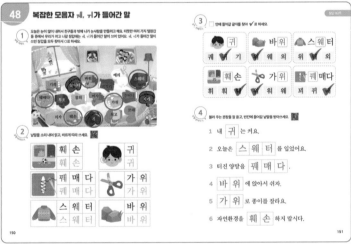

48 복잡한 모음자 ㅞ, ㅟ가 들어간 말

③ □안에 들어갈 글자를 찾아 ✔표 하세요.

귀 / 바위 / 스웨터
훼손 / 가위 / 꿰매다

④ 들려 주는 문장을 잘 듣고, 빈칸에 들어갈 낱말을 받아쓰세요.

1 내 귀 는 커요.
2 오늘은 스 웨 터 를 입었어요.
3 터진 양말을 꿰 매 다.
4 바 위 에 앉아서 쉬자.
5 가 위 로 종이를 잘라요.
6 자연환경을 훼 손 하지 맙시다.

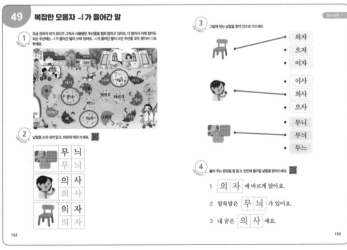

49 복잡한 모음자 ㅢ가 들어간 말

③ 그림에 맞는 낱말을 찾아 선으로 이으세요.

· 의자
· 으자
· 이자

· 이사
· 의사
· 으사

· 무니
· 무늬
· 무느

④ 들려 주는 문장을 듣고, 빈칸에 들어갈 낱말을 받아쓰세요.

1 의 자 에 바르게 앉아요.
2 얼룩말은 무 늬 가 있어요.
3 내 꿈은 의 사 예요.

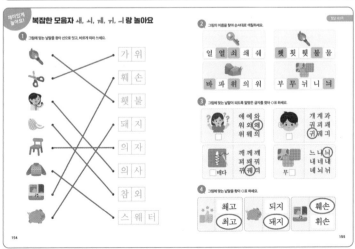

재미있게 놀아요! 복잡한 모음자 ㅙ, ㅚ, ㅞ, ㅟ, ㅢ랑 놀아요

① 그림에 맞는 낱말을 찾아 선으로 이으고, 바르게 따라 쓰세요.

가위
훼손
횃불
돼지
의자
의사
참외
스웨터

② 그림의 이름을 찾아 순서대로 색칠하세요.

얼 열 쇠 쇄 쉐
햇 횃 훗 불 물
바 파 위 의 위
부 무 뷔 니 늬

③ 그림에 맞는 낱말이 되도록 알맞은 글자를 찾아 ○표 하세요.

④ 그림에 맞는 낱말을 찾아 ○표 하세요.

최고 / 되지 / 훼손
최고 / 돼지 / 휘손

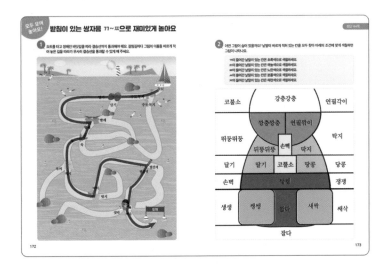

글·구성 곽경혜

대학에서 국어국문학을 전공하고 교직을 이수하여 졸업 후에는 아이들을 가르치는 일을 했습니다. 엄마가 되고 나서는 아들 둘을 키우며 본격적으로 놀이를 통한 한글과 국어 교육에 관심이 커져 직접 아이들과 놀이하고 소통하면서 즐거운 학습을 이어 나가고 있습니다.

그림 김민성

어린이부터 어른까지 다양한 독자를 대상으로 한 서적을 디자인하고 있습니다. 친근하고 익숙한 디자인이 좋은 교재라고 믿습니다. 작품으로는 〈바다의 끝에 서 있을게〉, 〈미신시대〉, 〈건설재료시험기사 필기〉 등이 있습니다.

그림 박세은

디자인과 미술교육을 전공하고 디자이너로 활동하고 있습니다. 평소 캐릭터 디자인에 관심이 많아 네이버 밴드와 블로그에 아기깨비 치우 스티커를 출시한 바 있습니다.

초등 국어! 쓰기가 답이다
교과서 낱말로 놀며 받아쓰기 초등 국어 1-1

초판 1쇄   2025년 4월 10일

글 · 구성   곽경혜
그림   김민성 박세은
펴낸이   정연금
펴낸곳   멘토르
등록   2004년 12월 30일 제302-2004-00081호
주소   충청남도 천안시 동남구 성남면 성남신덕1길 143-21
대표전화   02-706-0911
이메일   mentorbooks@naver.com

ISBN 978-89-6305-946-4(63700)

※ 노란우산은 (주)멘토르출판사의 아동·자녀교육 출판 전문 브랜드입니다.
※ 잘못된 책은 구입하신 서점에서 바꾸어 드립니다.